Yazar Hakkında

1968 doğumlu Yaşar Gürsoy gazeteciliğe 1984 yılında başladı. Yükseköğrenimini Anadolu Üniversitesi'nde Sosyal Bilimler dalında yaptı. Uzun yıllar çeşitli gazete, dergi ve televizyonlarda muhabirlik, editörlük, program yapımcılığı ve üst düzey yöneticilik yaptı. Bazı üniversitelerde öğretim görevlisi ve konuk olarak medya, iletişim ve Atatürk konularında dersler ve konferanslar verdi.

Yirmi dört yıldır Atatürk araştırmacılığı çalışmalarını sürdüren yazar, 12 görsel belgesel, *Beyninle Seviş(me), Gece, Geçmiş, Düşlerimiz, İstanbul'un Deprem Gerçeği* (Yayın Koordinatörü), *Atatürk ve Can Yoldaşı Nuri Conker, Atatürk ve Berberi-Hoşça Kalın Çocuklar, Çankaya'nın Kalemşoru Falih Rıfkı Atay, Devrimi Kadınlar Yapar-Atatürk'ün Öncü Kadınları, Atatürk'ün Katilleri ve O Doktor, Anne O Bizden Biri, Atatürk'ün Kod Adı: Mustafa Şerif* adlarındaki 10 kitaba imza atmıştır. Yazar iki çocuk babasıdır.

DESTEK YAYINLARI: 1722
ARAŞTIRMA: 383

YAŞAR GÜRSOY / ATATÜRK'ÜN KOD ADI: MUSTAFA ŞERİF

Her hakkı saklıdır. Bu eserin aynen ya da özet olarak hiçbir bölümü, yayınevinin yazılı izni alınmadan kullanılamaz.

İmtiyaz Sahibi: Destek Yapım Prodüksiyon Dış Tic. A.Ş.
Genel Yayın Yönetmeni: Ertürk Akşun
Yayın Koordinatörü: Özlem Esmergül
Üretim Koordinatörü: Semran Karaçayır
Editör: Cansu Poyraz Karadeniz
Son Okuma: Devrim Yalkut
Kapak Tasarım: Sedat Gösterikli
Sayfa Düzeni: Cansu Poroy
Sosyal Medya-Grafik: Samet Ersöz-Mesud Topal-Nursefa Üzüm Kalender

Destek Yayınları: Şubat 2023
Yayıncı Sertifika No. 43196

ISBN 978-625-441-866-2

© Destek Yayınları
Abdi İpekçi Caddesi No. 31/5 Nişantaşı/İstanbul
Tel. (0) 212 252 22 42
Faks: (0) 212 252 22 43
www.destekdukkan.com
info@destekyayinlari.com
facebook.com/DestekYayinevi
twitter.com/destekyayinlari
instagram.com/destekyayinlari

Deniz Ofset – Çetin Koçak
Sertifika No. 48625
Maltepe Mahallesi
Hastane Yolu Sokak No. 1/6
Zeytinburnu / İstanbul
Tel. (0) 212 613 30 06

ATATÜRK'ÜN KOD ADI: MUSTAFA ŞERİF

YAŞAR GÜRSOY

Kalemleri tutsak ve gazetecilik uğrunda ölenlere...

TEŞEKKÜRLER

Bu kitabın ortaya çıkışında İstanbul Büyükşehir Belediyesi Başkanı Sayın Ekrem İmamoğlu'nun Beylikdüzü Belediye Başkanı iken fikir babası olduğu ve değerli meslektaşım yönetmen Cengiz Özkarabekir'in hazırladığı "Basında Mustafa Kemal Atatürk (1919-1938) çalışmasının şevk ve katkısı olmuştur.

Yaklaşık yirmi yıldır sürdürdüğüm Atatürk ile ilgili çalışmalar sırasında aldığım not, belge ve fotoğraflarla da harmanlanan bu kitabı, başta gönlünü gazetecilik mesleğine kaptıran/kaptırmak isteyen genç arkadaşlarıma ve yüreği Atatürk sevgisiyle atan; tam bağımsız Türkiye insanlarının tümünün ilgisine sunmak isterim.

Bu çalışma sırasında fayda gördüğüm, geçmişte gazetecilik yapan, aramızda bulunmayan değerli yazı ustalarına, 35 yıllık gazetecilik hayatımda bana dokunan ustalarıma, Ekrem İmamoğlu ve Cengiz Özkarabekir ile Prof. Dr. Vahdettin Engin, Yard. Doç. Arif Kolay, Dr. Şefik Memiş, İsmail Şen, Murat Arslan, Eren M. Paykal, Yasin Şafak, Aytaç Şıklı, Handan Mesude, Fatih Türkyılmaz, Ulvi Sulaoğlu'na, Atatürk Araştırma Merkezi Başkanlığı'na, İBB Atatürk Kitaplığı Gazete Arşivi çalışanlarına, yürekleri Atatürk'e ile atan isteataturk.com ve mustafakemalim.com siteleri yaratıcıları Dr. Tuna Yılmaz ve Onur Okur'a, çalışmalarım sırasında kendilerinden uzakta da olsam yüreğimin onlar için çarptığını bilen oğlum Fırat ve kızım Ayşe Deniz Gürsoy'a; Destek Yayınları İmtiyaz Sahibi Yelda Cumalıoğlu, Genel Yayın Yönetmeni Ertürk Akşun, Üretim Koordinatörü Semran Karaçayır, Basın ve Halkla İlişkiler Müdiresi Selen Çavuşovalı, Editör Cansu Poyraz Karadeniz'e, kapak tasarımı için Sedat Gösterikli ve mizanpaj çalışmasını yapan Cansu Poroy'a ve tüm Destek Yayınevi emekçilerine sevgi ve saygılarımı sunarım.

Yaşar Gürsoy, 2023

İÇİNDEKİLER

ÖNSÖZ 11

Parçalanan Uçak Mustafa Kemal'i Öldürecekti 15

Mustafa Kemal: *"Gazeteci Mustafa Şerif"* 19

Mustafa Kemal'in Padişah Vahdettin ile Tanışması 25

Yeni Gün'den Fotoğraflı Mustafa Kemal Yarışması 27

Gazete Sahibi Mustafa Kemal Paşa 29

Minber Gazetesi Başyazarı Mustafa Kemal 33

"Britanya'nın Osmanlı'ya Olan
İyi Niyetinden Şüphe Etmek İstemem..." 35

"Mustafa Kemal Genç, Azimkâr,
Metin Bir Kumandandır..." 37

"Asi Kuvvetlerin Komutanı
General Mustafa Kemal Sivas'ı Terk Etti..." 39

Mustafa Kemal Paşa'nın 2. Gazetesi *İrade-i Milliye* 42

"İttihatçılıkla Alakamız Bulunmadığını
Kâinata İlan Ettik..." 44

"Mustafa Kemal Paşa Kemal-i Afiyettedir..." 48

Paşa İstanbul Gazetelerinden Şikâyetçi 51

"Nasıl Oluyor da Bu Millet Zalim ve Kabiliyetsiz Oluyor?" 53

Fransız *L'illustration* Dergisinin Yalan Haberi 56

"Memleketimiz Haraptır; Milletimiz Fakirdir..." 58

"Türkler Bolşevik Olamaz!" 62

"Hâkimiyet Kayıtsız Şartsız Milletindir..." 66

"Hürriyet ve İstiklal Benim Karakterimdir..." 71

"Böyle Bir Millet Yenilemez!" 79

"Biz Büyük Hayaller Peşinden Koşan
Sahtekârlardan Değiliz..." 81

Gazi'nin Misak-ı Milli Görüşleri 84

"...Nadir Hata Eder, Hiçbir Şeyi Tesadüfe Terk Etmez..." 87

Mustafa Kemal Paşa-Claude Farrère Görüşmesi 89

Mustafa Kemal Paşa-General Townshend Görüşmesi 92

"Görüyorsunuz ki İzmir'de Hiçbir Katliam Vaki Olmadı..." 96

Falih Rıfkı'nın İzmir'in Kurtuluşundaki Röportajı 100

"...Hiçbir Vakit Fuzuli Yere Kan Dökmek İstemedik
ve İstemeyiz..." 108

"Amerika, Avrupa ve Bütün Medeniyet Cihanı
Bilmelidir ki..." 111

"...Selanikli Kemal'in Ancak Seçilmişlerde
Bulunan İnanılmaz Bir Kısmeti de Vardı..." 113

"Paşam Bu Zaferi Aklım Kavrayamıyor.
Ver Elini Öpeyim..." 115

"Çünkü Biz Ne Bolşeviğiz Ne de Komünist!..." 117

"Napolyon İhtirası Her Şeyden Öne Koydu..." 122

"Meclis, Bir Şûra Hükümeti ile İdare Olunur..." 125

"Türkler Kapitülasyonların Kendilerini
Ölüme Sevk Edeceğini Anlamıştır..." 129

"Dünya, Halifeliğini Konuşurken
Gazi Muhtarlık Seçimlerinde..." 132

"Tam Bağımsızlık, Kayıtsız ve Şartsız Milli Egemenlik..." 134

"Halk Fırkası Adı Altında Bir Siyasi Kuruluşa
Gerek Olduğu İnancındayım..." 143

"...Beni Halife Tayin Etseler Derhal İstifamı Verirdim..." 146

Atatürk'ün 1923'te Amerikalı Gazeteciye
Verdiği Röportaj 152

Türkiye Türklerindir 159

Bürokratik Güçlükler 162

Madam Brotte ve Oteli 164

Kağnı Yolculuğu 166

Ankara, Garip Başkent 169

Tercihin Sebepleri 171

Gazi'nin Konutu 173

Bayan Kemal 176

Oy Hakkından Önce Eğitim 178

Kemal Çanakkale'de 179

Avusturya Gazetesi *Die Presse* Röportajı 181

"...Yolumuz Önüne Dikilmek İsteyenleri
Ezip Geçeceğiz!".. 183

"Kemal'in Son Fethi...".. 185

Ramazan Ayında Duygusal Demeç 188

"Türk Milleti Daha Dindar Olmalıdır..." 190

Gazi'nin Gazetecilerle
6 Saat 10 Dakikalık Görüşmesi... 194

Halife 15 Lira Verilerek Gönderildi..................................... 200

Cumhuriyet'in İlk Sayısı ve Yunus Nadi'nin Yazdıkları 201

"Hilafet, Zamanımızda Artık Yeri Olmayan
Mazinin Bir Efsanesi...".. 209

Gazi'nin Cumhuriyet Halk Fırkası ile İlgili Görüşleri 211

"Ortadoğu'nun En Büyük Aşk Hikâyesi Bitti..." 214

"Diktatör Mustafa Kemal'in İlk Heykeli..." 215

"Türkiye Cumhuriyeti'nin 'Demir Adam'ı..." 217

"Arı Biziz, Bal Bizdedir..." 221

BİTİRİRKEN.. 223

ÖNSÖZ

Mustafa Kemal Atatürk, yalnızca bir asker ve siyaset adamı değil, çağının önde gelen en zeki düşünürlerinden de biridir. O ruh hali, gazetecilik ve basın dünyasının da içinde olmasına neden olmuştur.

Düşüncelerin halka duyurulmasındaki en önemli etken aracın basın olduğunun farkına daha askeri öğrenciyken varmıştır. Asrın lideri, iç ve dış kamuoyuyla bağ kurmayı bu yolla edinmiştir.

Atatürk, hayatının her döneminde basına verdiği önemi dile getiren bir liderdir. Henüz Türkiye Cumhuriyeti Devleti kurulmadan önce; 1 Mart 1922'de TBMM'yi açarken yapmış olduğu konuşmada: *"Basın milletin müşterek sesidir. Bir milleti aydınlatma ve doğru yolu göstermede, bir millete muhtaç olduğu fikri gıdayı vermekte, özetle bir milletin saadet hedefi olan müşterek istikamette yürümesini teminde basın, başlı başına bir kuvvet, bir mektep, bir rehberdir"* demiştir.

Atatürk'ün gazeteciliğe olan eğilimi askeri öğrenciliği sırasında Osmanlı hanedanlığının yanlışlarını ve aksaklıklarını belirtmek amacıyla başlamış, bu amaçla yazılar yayımlamak için elyazısıyla bir gazete çıkarmıştır. Gazetenin yazılarını kendi yazarken, Mektepler Müfettişi İsmail Paşa'nın takibine de uğramış, okul müdürü Rıza Bey tarafından suçüstü yakalanıp uzaklaştırma cezası almıştır.

Atatürk 1911 yılında İtalya işgali altındaki Trablusgarp'a gönüllü arkadaşlarıyla sahte kimlik kullanarak girmiş, kimlik olarak da **"Gazeteci Mustafa Şerif"** ismini kullanmıştır. İlk gazete çıkarma girişimi İstanbul'da yayımlanan *Minber*'dir. Onun isteği ile 1918 yılında yayın hayatına giren gazete bir başkaldırı niteliğindedir. Gazetenin ortaklarından Fethi *(Okyar)* Bey, *Minber* gazetesi ile ilgili anılarında, *"Mustafa Kemal Paşa, memleketi perişan eden ve muhalefet adı altında irtikâp eden (kötü işleyen) taarruz ve tahripler daha çok gazeteler vasıtasıyla oluyor. Bunlara karşı milleti uyandırmak için en iyi vasıta aynı yolla karşılık vermek, yani bir gazete çıkarmak gerekir diye düşünüyordu"* der. Günlük olarak yayımlanan gazete 51 gün halka ulaşmış, başyazılarını Atatürk bizzat kendi yazmıştır.

Atatürk'ün çıkardığı ikinci gazete Sivas Kongresi yıllarına denk düşer. 4 Eylül 1919 günü başlayan ve 11 Eylül'de sona eren Sivas Kongresi'nin ardından çok kısa süre içinde çıkarılır. Heyet-i Temsiliye adına Mustafa Kemal tarafından kurulmuş olan gazetenin imtiyaz sahibi Selahattin (Ulusalerk) Bey'e görünür. Gazetenin yazıişleri müdürü ise Mazhar Müfit (Kansu) Bey'dir. Adı ve başlık altı Mustafa Kemal tarafından tespit edilmiştir: *İrade-i Milliye (Metalip ve Amali Milliye'nin Müdafiidir)*. Başlangıçta haftada bir sonraları haftada iki ve günlük olarak yayımlanan gazetede Sivas Kongresi zabıtlarını, Mustafa Kemal'in bildirilerini, konuşmalarını yayımlar. Bir amaç için çıkartılan gazetenin nüshaları birçok şehrin çeşitli dairelerine resmi mühürlü zarflar içinde gönderilir...

Ankara'ya gelen Atatürk ve dava arkadaşları burada da gazetecilik işini oldukça önemser. Kentte bir matbaa bulunmadığı için Konya'dan getirtilen baskı makinesi Meclis bahçesindeki bir binaya yerleştirilir ve iki hafta içinde gazete çıkartılır. Gazetenin adını da yine Atatürk verecektir: *Hâkimiyet-i Milliye*.

İlk sayının gazete başlığının altında ise *"mesleği milletin iradesini hâkim kılmaktır"* diye yazar. 10 Ocak 1920 günü yayımlanan gazetenin ilk başyazısı Mustafa Kemal Paşa'ya aittir. Gazete Anadolu'da kurulan Anadolu ve Rumeli Müdafaa-i Hukuk Cemiyeti'nin yayın organıdır. 1934 yılına kadar *Hâkimiyet-i Milliye* adıyla, o tarihten sonra da *Ulus* adıyla çıkmaya devam etmiştir...

"Mustafa", İslam Peygamberi Muhammed'in seçilmiş/seçkin anlamına gelen lakabı, **"Şerif"** ise soyu temiz ve şerefli olan; asil kimsedir...

Altı yüz yıllık Osmanlı İmparatorluğu'nun küllerinden bir ulus, bir devlet kuran ve tükenmekte olan bir milleti yoktan var ederek uygarlığa taşıyan Türkiye Cumhuriyeti Devleti'nin kurucu lideri Gazi Mustafa Kemal Atatürk, dünya askeri ve siyasi tarihine adını şüphesiz altın harflerle yazdırmıştır.

Elinizde bulunan kitap Milli Mücadele ve ardından Cumhuriyet yıllarında Gazi Mustafa Kemal Atatürk'ün gazetecilik yönü, gazeteciliğe bakışı ve basının dördüncü kuvvet oluşundaki aşamaları ele almaktadır. Atatürk ile ilgili çıkan haber ve makalelerin özeti mahiyetini taşıyan kitap, önemli olayların gazete sayfalarına nasıl yansıdığını gözler önüne koyacaktır. Dönemin gazetecilerinin yaşanan olaylara bakış açısını ve dolayısıyla Atatürk'ün de basın dünyasına nasıl yaklaştığını bu kitapta görmeniz mümkündür...

Keyifli okumalar...

Yaşar Gürsoy

Parçalanan Uçak Mustafa Kemal'i Öldürecekti

Selanik'ten kalkan Orient Express treni Sırp sınırını geçtikten sonra başındaki fesi çıkarıp valizinin içine koydu, İstanbul'da, Tiring Mağazası'ndan aldığı kasketi başına geçirdi. Birlikte yolculuk ettiği Binbaşı Selahattin Bey mutaassıptı, "Ne yapıyorsun?" diye hayretle sordu:

"Biz saye-i şahanede birinci mevki ile seyahat ediyor ve devleti temsil ediyoruz. Osmanlılığımız, Müslümanlığımız belli olmalıdır."

Yüzbaşıydı. 29 yaşındaydı. Komutanına tebessümle bakıp, "Canım Selahaddin Bey artık hududu geçtik. Sivil kıyafetle yolculuk ediyoruz. Herkesin bizi tanımasında ne fayda var?" dedi. Selahaddin Bey'in suratı asıldı, uzun süre kendisiyle konuşmadı...

Tren bir Sırp istasyonunda durduğunda Selahaddin Bey pencereyi açtı. Elindeki tepside sandviç satan bir Sırp çocuğunu çağırdı. Sandviç alacaktı. Fakat sandviçlerin içinde domuz eti olmaması lazımdı. Onun için sandviçleri birer birer alıyor, kokluyor ve tekrar tepsiye koyuyordu. Seçmesi uzun sürdü. Tepsiyi eliyle başının üstünde tutan çocuk yorulmuştu. Tepsiyi indirdi ve karşısındaki fesli Selahaddin Bey'e "Tuh Türk!" dedi uzaklaştı. Onuruna düşkündü. Hemen başını içeri çekti. Pencereyi kapattı. Tren tekrar yola koyulduğu zaman Selahaddin Bey ağır ağır yerinden kalktı, valizini indirdi, içindeki kasketi alıp başına koydu, fesi valize bıraktı.

Yüzbaşı Mustafa Kemal, "Ne o Selahaddin Bey?" diye sordu. Aldığı yanıt, "Şimdi zamanı geldi" oldu.[1]

1910 yılı baharında Almanlar Rhain kıyılarında büyük bir askeri manevra düzenleyerek ne denli güçlü olduklarını dünyaya göstermişlerdi. Bu manevra, Avrupa'da Almanlara karşı güç dengesi oluşturmaya çalışan Fransa'nın hiç de hoşuna gitmemişti. Hemen bir manevra hazırlığına girdiler. Manevra alanı Kuzey Fransa'daki Picardie kentiydi. Manevraya Avrupa devletlerinin özellikle askeri kanadından gözlemciler davet edilmişti. Binbaşı Selahaddin Bey ve Yüzbaşı Mustafa Kemal de o subaylardan biriydi...

O günlerde Avrupa'nın iki süper devletinde, her ikisi de binbaşı iki genç subay görev yapıyordu. Binbaşı Enver *(Paşa)* Berlin'de, Binbaşı Fethi *(Okyar)* Paris'te askeri ataşe olarak bulunuyorlardı. Her ikisinin de yakından tanıdığı, Harbiye'den beri arkadaşları olan Kolağası *(Önyüzbaşı)* Mustafa Kemal *(Atatürk)* ise Harbiye Nazırı Mahmud Şevket Paşa'nın Genelkurmay Karargâhı'nda görevliydi. 1910 yılı Mayıs ayında Arnavutluk isyanını bastırmak üzere Arnavutluk'a bizzat giden Mahmud Şevket Paşa'nın yanında bulunmuş, orada başarılı hizmetler vermişti. Arnavutluk seferinden sonra Selanik'te bulunan 3. Ordu Subay Talimgâhı Komutanlığı'na atanan Kolağası Mustafa Kemal, Binbaşı Fethi Bey ile sık sık mektuplaşmakta, mektuplarında memleketin durumu hakkında kritikler yapmaktaydı...

Fransız Dışişleri Bakanlığı, manevralara Osmanlı Devleti'nden bir generalle üç subayın davetli olduğunu, Paris'teki Osmanlı Büyükelçiliği'ne bildirmişti. Paris'te Büyükelçi Rifat Paşa idi. Paşa Askeri Ataşe Fethi Bey'e davet notasını

---

1. Fethi Okyar, *Üç Devirde Bir Adam*, Yayıma Hazırlayan: Cemal Kutay, Tercüman Yayınları, İstanbul 1980, s. 129-131, Uluğ İğdemir, *Atatürk'ün Yaşamı*, TTK Yayını, Ankara 1980, s. 21-22, Atatürk, Fransa-Picardie Manevraları'nda

havale etmişti. Fethi Bey, manevralara kendisi ile birlikte Mustafa Kemal'in de katılmasını istiyordu. Durumu bizzat Mahmud Şevket Paşa'ya yazdı. Alınan cevapta Üçüncü Ordu Kurmay Başkanı Ali Rıza Paşa başkanlığında Paris Askeri Ataşesi Fethi Bey, Binbaşı Selahaddin ve Kolağası Mustafa Kemal'in Osmanlı Devleti'ni temsilen Picardie Manevraları'na katılacakları bildiriliyordu. Ne var ki Ali Rıza Paşa bu manevralara, sağlık nedenleri ile katılamamıştı. Heyete Fethi Bey'in başkanlık etmesi kararlaştırıldı...

Yakışıklıydı. Keskin bakışlara sahipti. Uçları yukarı kıvrık burma bıyıkları ile dikkat çekiyordu. Osmanlı yüzbaşısı, sivil giyiminde de şıktı. Resmi olsun, sivil olsun her zaman giyimine dikkat eder, özellikle fes giymemeye çaba gösterir, onun yerine kuzu derisinden kalpak giymeyi tercih ederdi. İstanbul'dan satın aldığı koyu yeşil takım elbisesi, dik yakalı beyaz gömleği, çizgili kravatı ve başına geçirdiği, kulaklarına kadar inen şapkasıyla Avrupalıya benzemeye çalışmıştı ama elbise kendisine pek bol geliyordu. Nitekim iki gün sonra Paris'e vardıkları zaman, kendilerini Paris Garı'nda karşılayan Fethi Bey, eski arkadaşının o kıyafetine epey güldü...

Manevralar 17 Eylül günü Fransız Orduları Başkomutanı Mareşal General F. Foch'un komutasında başladı. Önce gösterişli bir geçit töreni yapıldı, daha yeni fabrikadan çıkmış, pırıl pırıl Fransız ağır topları geçerken uçaklar alçak uçuşlar ve akrobatik gösterilerle geçit törenine heyecan katıyordu. Manevralarının ikinci günü, manevra alanı üzerinde alçaktan uçan iki uçak çarpıştı. Pilotları öldü. Çarpışmada parçalanan uçaklardan biri Yüzbaşı Mustafa Kemal'in çok yakınına düştü. Yere çakılan uçak sekiz on metre daha ileri yakınına düşebilir, ölümüne sebep olabilirdi. Kaza, Türk heyetini de yabancı gözlemcileri de fazlasıyla üzdü. Yanına gidip her biri geçmiş olsun dedi.

Manevralar sırasında gözlemciler fikirlerini de açıkça söylüyor, harekâtı kritik ediyorlardı. Mustafa Kemal de manevranın kurmay heyetindeki bir Fransız albaya fikirlerini açık açık söylemiş, harekâtta gözden kaçan zayıf noktaları belirtmişti. Onun bu analizleri General Foch'a kadar ulaştırılmış olmalı ki manevranın son günü akşamı verilen ziyafete binbaşıdan aşağı rütbeliler çağrılmadığı halde, Mustafa Kemal özel olarak çağrıldı ve General Foch'la tanıştırıldı.[2]

Manevralar bittiğinde Mustafa Kemal'in ilk fotoğrafı tesadüf eseri *La Vie Illustrée* gazetesinde yayımlandı. O fotoğraf, çok değil beş yıl sonra dünya askeri ve siyasi tarihine geçecek olan, Çanakkale Fatihi'nin dünya basınında yer alan ilk fotoğrafıydı...

La Vie Illustrée / 15 Eylül 1910

---

2. Lord Kinross, *Atatürk*, İstanbul 1972, s. 79

Mustafa Kemal: *"Gazeteci Mustafa Şerif"*

Avrupa'daki manevralar boşuna yapılmıyordu. Dünya karışacaktı. Savaş kapıdaydı. Osmanlı günden güne eriyordu. İmparatorluğu'nun Kuzey Afrika'daki kalesi Trablusgarp'ta kan gövdeyi götürüyor, İtalyanlar halka zulmediyordu. Yüzbaşı Mustafa Kemal 8 Aralık 1911 tarihinde Mısır ve Tunus üzerinden bir grup gönüllü subayla birlikte gizlice Trablusgarp'a geçmişti. Sahte bir kimliğe sahipti. "Gazeteci Mustafa Şerif" adını kullanıyordu. Cesur bir istihbaratçı, keskin bir zekâya sahip Osmanlı subayıydı. Görevi bölgeye sahte kimlikle sızmak ve orada oluşturacağı örgütlerle İtalyanları saf dışı etmekti.

İskenderiye yolunda çocukluk arkadaşı Fuat *(Bulca)* Bey'e bir mektup yazıp gönderdi:

"15 Ekim 1911'de İstanbul'dan hareket ettik. Lüzum ve fayda görürsem seni ve daha bazı arkadaşları da isteyeceğim. Vatanı kurtarmak için şimdiye kadar olduğundan daha ziyade gayret ve fedakârlık zorunludur."

Arkadaşlarıyla buluştu. Hemen işe koyuldular. 22 Aralık 1911'de gönüllü milis kuvvetleri, İtalyan birliklerini Tobruk

Muharebesi'nde yenilgiye uğrattı. Denize püskürtülen İtalyanlar sahilde demirli donanma topçu desteği sayesinde karada kalmayı başarabildi. İtalyan ordusu, Trablusgarp'ta ilk defa savaşta keşif ve havadan karaya taarruz amacıyla uçak kullanıyordu. O uçaklardan birinden 16 Ocak 1912 günü atılan bomba Mustafa Kemal'in sol gözüne ciddi hasar verdi. Bir ay hastanede tedavi gördü. İyileşti ama şarapnel gözünde kalıcı hasar bıraktı.

31 yaşında, sakallı lakin oldukça karizmatik bir görüntüsü vardı. Enver *(Paşa)* Bey ile Arap birliklerini denetlerken *L'ilustration* dergisi muhabirinin objektifine takıldı. Keskin bakışlarıyla, adeta bir çöl kaplanını andırıyordu. Büyülü bir havası vardı. Kısa sürede, hatta esrarengiz bir şekilde, uğruna ölebilecek binlerce Arap mücahit ordusu meydana getirmişti.

İstanbul'da bulunan çocukluk ve silah arkadaşı Salih *(Bozok)* Bey'e 8 Mayıs 1912 günü bir mektup yazdı:

> *"...Biz vatana borçlu olduğumuz fedakârlık derecelerini düşündükçe bugüne kadar yapılan hizmeti pek değersiz buluyoruz. Vicdanımızdan gelen bir ses, bize vatanın bu sıcak ve samimi ufuklarını tamamen temizlemedikçe, gemilerimizin Tobruk, Derne ve Trablusgarp limanlarında tekrar demir atmış olduğunu görmedikçe vazifemizi bitirmiş sayılamayacağımızı ihtar ediyor!"*

Osmanlı askerlerinin kampı Derne Vadisi'ndeydi. Fransız *L'illustration* dergisi de sıcak bölgedeydi. Cephelerde gönüllü Osmanlı subaylarının komutasındaki Arap kabilelerinin İtalyan askerlerine karşı örgütlü direnişini ve bu amaçla Osmanlılar tarafından kurulan kampları haber yapıyorlardı. Haber, 22 Haziran 1912 günü okurlarıyla buluştu. Başlığı: **"Sirenayka'dan yol ve savaş notları / Enver Bey'in kampında"** idi. Fotoğraflarda Enver ve Mustafa Kemal Beylerin orada bulunan Arapları eğittiğine dikkat çekiliyordu. Gönüllü askerler Şeyh Sunusi'nin adamlarıydı. Geçit töreni düzenlendiğinde Mustafa Kemal de oradaydı. Fotoğrafı çeken Teğmen Osman Efendi *(Stuart Smallwood)* idi. Fotoğraf altında, *"Derne önlerinde Ayn el Mansur kampında Sultan Töreni – Sunusi şeyhleri Başkomutan Enver Bey'i çadırının önünde selamlıyor / Enver ve Mustafa Kemal Beyler"* yazıyordu.

L'illustration dergisi / 22 Haziran 1912
(Mustafa Kemal öndeki atın üzerinde)

Dünya basınının gözü kulağı Kuzey Afrika'daydı. İngiltere'de yayımlanan *The Illustrated London News* dergisi Trablusgarp Savaşları'yla ilgili ayrıntılı fotoğraf ve haberlere yer veriyordu. Dergideki bir fotoğraf, Binbaşı Mustafa Kemal ile daha sonra padişahın damadı olacak ve tüm orduların başına geçecek, ne var ki başarılı olamayacak Enver Bey'in birlikte yer aldıkları olanıydı. Yan yana, ilk kez dünya sahnesine o fotoğrafla çıktılar...

The Illustrated London News / 29 Haziran 1912
(Mustafa Kemal sağda)

Osmanlı Devleti'nin en popüler resimli dergilerinden *Şehbal*, 14 Eylül 1912 tarihli nüshasında Trablusgarp Cephesi'ne ilişkin olarak, aralarında Mustafa Kemal ve Enver Bey'in de bulunduğu Osmanlı subaylarının çeşitli fotoğraflarını yayımladı. **"Muharebe Meydanından Cabeca İn'ikaslar" / Muharebe Meydanından Bazı Yansımalar"** başlığını taşıyan fotoğraflar gizlice Trablusgarp, Bingazi ve Derne gibi cephelere giden Osmanlı subaylarının başarılı hizmetlerini gösteriyordu.

Fotoğrafın altında *"Cihan-ı Cihadda cevval (cihat âleminde hareketli) cephelerden / Ortadaki nasiye-i necip (soylu yüz), meşağil-i harp sebebiyle haledar-ı lihye (savaş meşguliyetleri sebebiyle haleli sakal) olan kahraman Enver Bey'dir. Sağdaki bastonlu zat Derne Kumandanı Erkânı-ı Harbiye Binbaşısı Mustafa Kemal Bey, Enver Bey'in solunda durra gözlüklü zat Erkân-ı Harbiye Binbaşısı Nuri Bey'dir"* yazılıydı.

Şehbal gazetesi / 14 Eylül 1912
(Soldan sağa: Mustafa Kemal, Enver Bey ve Nuri Bey)

Aynı dergide bir başka fotoğrafta yanına katılan Fuad Bey ile çekilen fotoğraf yayımlanıyor ve altında, *Derne'deki iki mühim kumandan / Sağdaki Şark Kolu Kumandanı Fuad Bey, Soldaki: Derne Kumandanı Mustafa Kemal Bey"* yazıyordu.

Şehbal gazetesi / 14 Eylül 1912

Şehbal dergisi bir ay sonraki sayısında **"İtalyanların yalanlarına zemin-i ihtira olan Osmanlı hakikatlerinden"** başlıklı bir habere yer verdi. Kullandığı fotoğrafın altyazısında, *"Bir hücumdan evvel kumandanın kaydettirdiği mühim noktalar / Derne'de Erkân-ı Harbiye Binbaşısı Mustafa Kemal Bey, yaveri Fehmi Bey'e emirlerini zapt ettiriyor; bir müfreze-i mücahidin (mücahitler müfrezesi) de, teşne-i hücum (hücuma susamış) bir vekar-ı arabi (Arap vakarı) ile infaz-ı evamire müheyya (emirleri uygulamaya hazır) duruyor"* sözleri yer alıyordu.

Osmanlı Devleti sadece Kuzey Afrika'da savaş vermiyordu. Gücü her geçen gün tükeniyordu. Mustafa Kemal ve gönüllü arkadaşlarının çabası yetmedi. Osmanlı Kuzey Afrika'daki son toprak parçasını da kaybetti. Osmanlı Devleti, halifeliğin siyasi gücünü kullanarak bölge halkıyla dini ve kültürel bağlarını sürdürmek istemiş ama başaramamıştı. Trablusgarp Savaşı, bölgeye **"Gazeteci Mustafa Şerif"** sahte kimliğiyle girerek canını ortaya koyan ve sol gözünden yaralanarak gazi olan Mustafa Kemal'in ilk savaşıydı...

Mustafa Kemal'in Padişah Vahdettin ile Tanışması

Çanakkale Kahramanı Mustafa Kemal'in adı artık "Çanakkale Fatihi" olarak anılmaya başlanmıştı. O hali padişahın da dikkatlerinden kaçmıyordu. Tanışmaları, Padişah Vahdettin'in kendisini bizzat saraya davet etmesiyle 12 Aralık 1917 günü gerçekleşti. İki gün sonra birlikte Almanya'ya gideceklerdi. O seyahat esnasında ikili, askeri manevralara katılacak, çeşitli incelemelerde bulunacaktı. Ayrıca Alman İmparatoru 2. Wilhelm ve devrin tanınmış komutanları Hindenburg ve Lüdendorf ile de görüşülecekti...

Padişah Vahdettin ve beraberindekileri Başkumandan Vekili Enver Paşa uğurladı. Mustafa Kemal yolculuk boyunca padişahın kişiliği ve hükmettiği imparatorluğu getirdiği halle ilgili düşüncelere daldı:

"Bu adamla kendimi tenvir etmek ve kendime yakından ve samimi müzaheret etmek şartıyla, bazı işler yapmak mümkündür. Bu nokta-i nazarımı gerek Naci Paşa'ya, gerek diğer zevata söyledim ve veliahdı bu şekilde hazırlamak, memleket menafii namına bir vazife olduğuna dikkat çektim."[3]

Tasvir-i Efkâr gazetesi 16 Aralık 1917 günkü sayısında Padişah ve Mustafa Kemal'i aynı sayfada gördü. Haberin başlığı, **"Veliahd-ı Saltanat Hazretleri'nin Seyahati"** idi ve içeriğinde ise, "Veliahd-ı Saltanat Devletlû, Necabetlu Vahdettin Efendi

---

3. Falih Rıfkı Atay, *Atatürk'ün Bana Anlattıkları*, Cumhuriyet Gazetesi Yay. 1998, s. 34

Hazretleri, dün Saray-ı Hümayun'a giderek Zat-ı Hazret-i Padişahiye veda etmişlerdir. (...) Bu münasebetle Sirkeci İstasyonu binası fevkalade bir surette tefriş ve tezyin edilmiştir. (...) Mustafa Kemal Paşa Veliaht Hazretleri'nin maiyet-i necabetpenahilerinde olduğu halde Balkan katarıyla Almanya'ya azimet eylemiştir" yazıyordu.

Yeni Gün'den Fotoğraflı Mustafa Kemal Yarışması

Yeni Gün gazetesi İttihat ve Terakki üyesi, son Osmanlı Meclisi'nin İzmir Mebusu Yunus Nadi *(Abalıoğlu)* tarafından 2 Eylül 1918 günü kurulmuştu. Gazete, Mustafa Kemal Paşa adına bir yarışma düzenlemeye karar verdi. 1. Dünya Savaşı bitmeden önce savaşla ilgili bir yarışmaydı. Yarışma, gazetenin 25 Eylül 1918 tarihli 21. sayısında başladı. Yayımlanan bölümde tanıtılan komutanın yanında okuyucularından bilmesi istenen bir başka komutanın gölgeli resmi bulunuyor, altında "Kimdir?" sorusu yer alıyordu. Gölge resimlerle asıl resimler farklı zamanlarda yayımlanırken, esas resmi verilen komutana ait bilgilerle 1. Dünya Savaşı'ndaki kısa hikâyesi yer alıyordu. Böylece, özet bir Harb-i Umumi tarihçesi yayımlanmış oluyordu.

Mustafa Kemal Paşa'nın tanıtıldığı bölümün tam metni şöyleydi:

"Mustafa Kemal Paşa bu harpte büyük hizmetler ifa eden seci (cesur) bir kumandanımızdır. Trablusgarp'ta, İtalyanlara karşı muvaffakiyetle harp eden bir avuç kahraman meyanında temayüz eden Mustafa Kemal Bey, Harb-i Umumiye iştirakimiz üzerine muharip orduya dahil olmuş ve Çanakkale'deki fırkalarımızdan birinin kumandasını deruhte etmiştir. 12 Nisan 331'de İngilizler Arıburnu'na çıktıkları ve Kocaçimen Tepesi'ne doğru ilerledikleri zaman karşılarında Mustafa Kemal Bey'in kahraman fırkasını bulmuşlardı. Fırka kanlı bir muharebeden sonra düşmanı sahile atmış,

İstanbul yolunu kapatmıştı. Mustafa Kemal Bey, kahraman kıtaatiyle, bu cephede Temmuz'a kadar bütün düşman hücumlarını tevkif etmiş (durdurmuş), 24-25 Temmuz'da ansızın Anafartalar'a çıkan İngiliz kıtaatını da mahir ve azimkâr idaresiyle mağlup etmiştir. Çanakkale'den sora terfi ederek Mirliva olan Mustafa Kemal Paşa, Ruslara karşı sevk edilmiş ve sağ cenahtaki ordunun kumandasını deruhte etmiştir. Mustafa Kemal Paşa elyevm (günümüzde) Filistin Cephesi'ndeki ordularımızdan birinin kumandanıdır."

Tanıtılan komutanlar hem İttifak hem İtilaf cephesinin ünlü askerleri arasından seçildi. Tanıtılan 17 komutan içinde İzzet, Cevat *(Çobanlı)* ve Mustafa Kemal Paşalar olmak üzere üç Türk askeri yer aldı. Mütareke üzerine yarışma 23 Eylül 1918 günü yarıda kesildi, o nedenle sonuçlar 25 Kasım'da ilan edildi. Kazananlara para ödülleri ile çeşitli hediyeler verildi.

Yeni Gün Gazetesi / 10 Ekim 1918

Gazete Sahibi Mustafa Kemal Paşa

Mustafa Kemal Paşa, 7 Ağustos 1918 tarihinde 7. Ordu Komutanlığı'na atanmıştı. 31 Ekim 1918'de Suriye Cephesi'nde Yıldırım Orduları Grup Komutanlığı'nı yapmakta bulunan Liman Von Sanders Paşa, İtilaf Devletleri'yle Osmanlı Devleti arasında mütarekenin imzalandığını öğrenmesi üzerine görevini Mustafa Kemal Paşa'ya devretti...

Basının halkı etkilemekteki önemini bilen Mustafa Kemal'in basınla ilişkisi, daha öğrencilik yıllarında, birkaç arkadaşıyla gizlice bir gazete çıkarmasıyla başlamıştı. Amaç, yönetimin aksayan yanlarını anlatmaktı. İleriki yıllarda o günlerini Yusuf Hıkmet *(Bayur)* Bey'e şöyle anlatacaktı:

"...Mutat olan derslere iyi çalışıyordum. Bunların fevkinde (üstünde) olarak bende ve bazı arkadaşlarda yeni fikirler peyda oldu. Memleketin idaresinde ve siyasetinde fenalıklar olduğunu keşfetmeye başladık. Binlerce kişiden ibaret olan Mekteb-i Harbiye talebesine bu keşfimizi anlatmak hevesine düştük, mekteb talebesi arasında okunmak üzere mektepte el yazısıyla bir gazete tesis ettik."[4]

13 Kasım 1918'de trenden indiğinde kendisini Haydarpaşa Garı'nda Dr. Rasim Ferit *(Talay)* Bey beklemekteydi. Aynı gün

---

4. Yusuf Hikmet Bayur, *Atatürk Hayatı ve Eseri*, Ankara 1990, ATAM Yay. s. 12

düşman İstanbul'u işgal etmişti. Düşman donanmasıyla karşılaştığında yanında bulunan silah arkadaşı Cevat Abbas *(Güner)* Bey'e **"Geldikleri gibi giderler"** dedi.

Doktor Rasim Ferit Bey ile buluşmalarının nedeni 1 Kasım 1918 günü yayın hayatına koydukları *Minber* gazetesinin gidişatıydı. Gazeteyi, *"Siyasi, ilmi, edebi, iktisadi yevmi gazete"* olarak tanımlamışlardı. İmtiyaz sahibi Rasim Ferit Bey görünüyordu. İstanbul dışında bulunurken, bazı önemli konularda başkentteki yüksek makamlar ve şahsiyetlerle haberleşmesi gerektiğinde, yazılı-sözlü mesajlarını, güvendiği arkadaşı Dr. Rasim Ferit aracılığı ile yollamıştı.[5]

7 Kasım'da Yıldırım Orduları Grubu ve VII. Ordu Karargâhı lağvedilmiş ve Mustafa Kemal Harbiye Nezareti emrine verilmişti. Bu gelişme *Minber* gazetesinin 11 Teşrin-i Sani 1334 tarihli nüshasında *"Dahili Havadis"* içinde *"Mustafa Kemal"* başlığı altında *"Yıldırım Orduları Grubu ile Yedinci Ordu Karargâhı lağvedilmiş ve Yedinci Ordu Kumandanı Mirliva Mustafa Kemal Paşa Harbiye Nezareti emrine verilmiştir"* ifadesiyle duyurulmuştu.[6]

Gazetenin ortaklarındandı, elinde maaşından artırıp biriktirdiği üç beş bin lirası bulunurken o işe soyunmuştu. Annesi Zübeyde Hanım'a ev almak istediği o paranın önemli bir miktarını işletmek için bir ticaret işine koyulmuş ama dolandırıldığı için kaybetmişti. Gazete için verdiği para elinde kalan son parasıydı.[7]

Gazete müşterisi nedir? Bir gazeteyi alanlardan yüzde kaçı ciddi yazı okur, yüzde kaçı meraklı havadis ve tefrikalar peşindedir? Bunlar hakkında hiçbir fikri yoktu. Ortağı Fethi *(Okyar)*

---

5. *Fethi Tevetoğlu Anıları; Sadi Borak'ın Atatürk'ün Özel Mektupları*, Kırmızı Beyaz Yay. İstanbul 2004.
6. *Minber*, Numara: 10, 11 Teşrin-i Sani 1334
7. Fethi Tevetoğlu, *AAM Dergisi*, C. V, S. 13, Ankara 1988. s. 184

Bey başyazardı. Gazetenin ismini kendisi vermişti. Minber sözcüğü, *"kaldırma, yükseltme"* anlamlarına da geliyordu.

Zabit ve Kumandan İle Hasb-i Hal adlı kitabını 1914 yılında Sofya'da Ataşemiliter *(askeri ataşe)* iken yazdığı halde, kimi nedenlerle ilk baskısını ancak dört yıl sonra 1918 yılında Minber Matbaası'nda yapabilmişti. Kitabı 1000 adet basıldı, 7,5 kuruş fiyatla satışa çıkarıldı. Bunlardan bir miktarını dostlarına hediye etmek üzere kendisi satın aldı. İlk hediye ettiği dostu ise çocukluk ve silah arkadaşı Nuri *(Conker)* Bey'di. Zira o kitabı Nuri Bey'in daha önce kendisine ithaf ettiği *Zabit ve Kumandan* isimli kitabına yanıt olarak yazmıştı. Kitapların piyasada olanları Anadolu'ya geçip Milli Mücadele'yi başlatınca Damat Ferit tarafından toplatılarak yok edilecekti.[8]

Minber gazetesinin 17 Kasım 1918 tarihli nüshasında **"Mustafa Kemal Paşa ile Mülakat"** adı ile bir yazı yayımlandı. Yazının baş kısmında daha önce hangi görevlerde bulunduğu hakkında geniş bilgi verildi. Yapılan bu mülakatta Mustafa Kemal, memleket hakkındaki düşüncelerini de açıkladı:

"...En iyi siyasetin her türlü manasıyla en çok kuvvetli olmakta bulunduğunu kabul ederim. En çok kuvvetli olmak ta'birinden maksadım, yalnız silah kuvveti olduğunu zannetmeyiniz. Bi'l-akis asker olduğuma rağmen bu; bence kuvvet muhassalasını vücuda getiren avamilin sonuncusudur. Benim murad ettiğim ma'nen, ilmen, fennen, ahlaken kuvvetli olmaktır. Çünkü saydığım bu hasailden mahrum olan bir milletin bütün efradının en son silahlarla teçhiz olduğunu farz etsek bile, kuvvetli olduğunu kabul etmek doğru olamaz. Bugün ki cem'iyet-i beşeriye içinde insan

---

8. *Zabit ve Kumanda ile Hasb-i Hal;* Gnkur. Yay. Ankara 1981, s. VIII-XXVIII 17 Kasım 1918

olarak ahazz-ı mevki' edebilmek için elbette, silah-ı bi-dest olmak kâfi değildir. Benim telakkime göre, kuvvetli bir ordu denildiği zaman anlaşılması lazım gelen mana; her ferdi, bi'l-hassa zabiti, kumandanı icabat-ı medeniye ve fenniyeyi müdrik ve ona nazaran efal ve hareketini tatbik eder. Yüksek ahlak da bir hey'ettir. Şüphe yok ki yegâne gayesi ve vazifesi, düşüncesi ve hazırlığı müdafa'a-ı vatana münhasır kalan bu hey'et; memleketin siyasetini idare edenlerin en nihayet verecekleri kararla halfa'aliyete geçer. İşte ben, orduya ve ordulara kumanda etmiş bir asker sıfatıyla bu nokta-ı nazardan siyasetle temas etmiş olabilirim. Memleketimi ve milletimi pek iyi tanıdığım ve muhtaç olduğu terakkiye mazhariyet için huzur ve sükûn ile fakat her halde hürriyet ve istiklali masun olarak çok devamlı çalışmak lüzumuna kani' bulunduğum cihetle, bu kana'atimi tatmin edecek yani bize huzur ve sükûn ve zaman-ı mesa'i bahşedecek münasebetlere iktiran eden dostluklara cidden taraftarım."

Muhabirin İngilizler hakkındaki fikirlerini sorması üzerine, onlara karşı beslediği ılımlı duyguları da dile getirdi:

"İngilizlerin Osmanlı milletinin hürriyetine ve devletimizin istiklaline riayette gösterdikleri, hürmet ve insaniyet karşısında yalnız benim değil bütün Osmanlı milletinin İngilizlerden daha hayır-hah bir dost olamayacağı kana'atiyle mütehassıs olmaları pek tabi'idir."[9]

---

9. *Minber*, Numara: 16, 17 Teşrin-i Sani 1334, İzzet Öztoprak; *agm.* Cilt. II, Ankara 2005, ATAM Yay. s. 909, Sina Akşin; *age.* s. 88 ve Selahattin Tansel, *age.* s. 76

Minber Gazetesi Başyazarı Mustafa Kemal

Minber gazetesinde "Hatib" takma adıyla çıkan yazıları Paşa yazıyordu. Kimilerine göre yazan o değil Rasim Ferit Bey idi. Gazetede üç başyazı "Hatib" takma adıyla çıktı. O yazıların başlıkları, **"Felaketten İbret Alalım"**, **"Hürriyet-i Matbuat"** ve **"Sulh u Salah"** idi. 9 Kasım 1918 günü tefrika olarak yayımlanan Ziya Gökalp'in *Türkleşmek, İslamlaşmak, Muasırlaşmak* adlı eserini konu alan **(Asrileşmek)** başlıklı makale de "Hatib" takma adıyla çıkan yazılardı.[10]

"Felaketten İbret Alalım" başlıklı makalede dönem itibariyle içinde bulunulan zor siyasi şartlarda felaket diye feryat edip ümitsizliğe kapılmak istenmediği ve **"Bir musibet bin nasihatten yeğdir"** düsturundan hareketle yeni bir hayat için gayret etmek gerektiği dile getirilmekteydi.

"Hürriyet ve Matbu'at" başlıklı yazısında, vatanın yüksek çıkarlarına dokunmamak kaydıyla basın hürriyetinin hem meşrutiyet hem de medeniyetin bölünmez parçası olduğunu, basının hükümet baskısı altına sokulamayacağı; kalem ve fikir sahasında ilerlemeye gerek olduğuna dikkat çekmişti.[11]

"Sulh u Salah"ta ise mütarekenin imzalandığı, artık sulhun beklendiği, onun da yakın bir zamanda yapılacağı belirtilerek

---

10. Asrileşmek adlı bu yazının Mustafa Kemal'e ait olduğu çünkü daha sonraki yıllarda çağdaşlaşma konusunda çok çaba harcadığı ve bu yazıdan da bu çıktığı ifade edilecekti. Fethi Tevetoğlu, "Atatürk'ün Başlıca Amacı: Çağdaşlaşmak", *Milli Kültür*, Sayı: 65, 1989, s. 3
11. Minber, Numara: 2, 2 Teşrin-i Sani 1334, Yücel Özkaya, *agm. AAM Dergisi*, s. 874

Osmanlı ülkesinin harbin yaralarını sarması gerektiği anlatılıyordu. Asker olduğu için herhangi siyasi bir polemiğe adının karışmamasına son derece titizlik gösteriyordu.[12]

1 Kasım 1918'de yayın hayatına başlayan *Minber* her gün yayımlandı. Ta ki; 22 Aralık 1918'e kadar. Zira Paşa beş ay sonra çok ama çok önemli bir yolculuğa çıkmanın planlarını yapıyordu. O yolculuk, 16 Mayıs 1919 günü, *Bandırma* vapuru ile başlayacak, bir ulusun, yeni bir bir Türk Devleti'nin özgürlük yolculuğuydu...

---

12. Fethi Tevetoğlu, "Atatürk'ün Minber'i ve Minber'in Hatibi I", *Yeni Forum*, Sayı: 229, 1989, s. 26-27

"Britanya'nın Osmanlı'ya Olan İyi Niyetinden Şüphe Etmek İstemem..."

Vakit gazetesi, Mustafa Kemal Paşa'nın başarılarını sayfalarına taşıyacaktı. 16 Kasım 1918 günkü nüshasında özgeçmişi ile birlikte röportajını verdi. İki gün sonra röportajını yayımladı:

Muhabir: Bugün ekdettiğimiz mütarekeden sonra İtilaf Devletleri'nin Osmanlı istiklaline riayet edeceklerine şüphe edilmezse de müşareketmukavelenamesinin bizim tahsin edemediğimiz bir şekilde tefsir ve tatbik edilmekte olduğu görülmüştür. Bu tarz-ı harekete ne mana vermek gerekir?

Mustafa Kemal Paşa: Hükümetimizle mütareke ekdeden devletlerin ve bu devletler namına mütareke şartnamesini yapan Britanya hükümetinin Osmanlılara karşı olan hüsn-i niyetlerine şüphe etmek istemem. Eğer mezkûr şartname ahkâmının tatbikatında su-i tefehhüme mucib olacak cihat *(yanlış anlamalara yol açacak cihetler)* görülüyorsa bunun sebebini derhal anlamak, muhataplarımızla anlaşmak lazımdır. Bittabi bu vazife hükümetlere terettüp eder. Benim bildiğime göre hükümetimiz bu babda icap eden teşebbüste bulunmuş ve bulunmaktadır. Yalnız benim anlayamadığım bir cihet varsa bu teşebbüsat neden milleti tatmin edici netayiç vermemektedir? Buna sebep olarak şimdi hatırıma gelebilen nota şudur: İki hükümet ricali beyninde *(arasında)* bil-müzakere takarrür ettirildikten sonra emr-i icrası lazım gelen hususat, askeri kumandanlara terk olunuyor. Halbuki bu hususta askerler değil, diplomatlar hal-i faaliyette bulunmak lazımdır.

Paşa daha sonraki açıklamalarında Meclis'in milleti temsil etmediği yolundaki dedikodular hakkındaki soruya da yanıt verdi:

"Memleketin içinde bulunduğu durum sebebiyle bu konunun dedikodu malzemesi yapılmamasını tavsiye ederim..."

"Mustafa Kemal Genç, Azimkâr, Metin Bir Kumandandır..."

Yeni Mecmua gazetesi, Cumhuriyet döneminde Matbuat Müdürlüğü yapacak olan M. Zekeriya *(Sertel)* Bey'in imzasını taşıyan bir habere yer verdi. Başlık, **"Büyüklerimiz"** idi. Habere konu olan yazı üçüncü sayfada yer alıyordu. Çanakkale Zaferi'nin yıldönümüne denk gelen günlerdi. Yazıda, Fransızların General Foche'yi ve diğer askerlerini övme hasletine rağmen, *"Bizde böyle bir durum yok"* deniliyordu. Yazının ilgili bölümü şöyleydi:

> *"Bütün milletler harpte yükselen simaları birer dâhi mertebesine çıkardıkları halde, biz çok büyüklük gösteren nadir kumandanlarımızı bile tanımıyoruz. Hatta resmi tebliğlerimiz bile bize bunların isimlerini vermekten ihtiraz ettiler (sakındılar). Halbuki bizim de .... (bu kısım sansürlenmiş) ve Foche derecesinde değilse bile, bize göre çok yüksek simalarımız zuhur etmemiş değildir (ortaya çıkmamış değildir). Ezcümle Mustafa Kemal ve Cevat Paşalarla .... (bu kısım sansürlenmiş). Bu hafta üçüncü devr-i seneyisine müsadif (tesadüf) olan ve fakat bulunduğumuz elim vaziyet saikasıyla tesid müyesser olamayan Çanakkale Muharebesi bize birçok muvaffakiyetlerden maada, bir de (Mustafa Kemal) kazandırmıştı. Osmanlı tarihinin en şerefli bir sahifesini işgal edeceğine şüphe olmayan Çanakkale muvaffakiyeti orada çarpışan Türklük ruhunu Türklük fedakârlığını ispat*

ettiği gibi, bir de Mustafa Kemal gibi büyük bir kahramana malik olduğumuzu gösterdi.

Tarih Çanakkale vakasını kaydederken hiç şüphesiz Mustafa Kemal ve Cevat Paşaların isimlerini de altın hurufla (harflerle) yazacaktır.

Mustafa Kemal genç, azimkâr, metin bir kumandandır. Çanakkale'de ordu nevmid (ümitsiz) bir vaziyete düştüğü zaman ümidini bozmamış ve imanından aldığı kuvvetle ordunun da maneviyetini yükseltmişti.

Büyüklerini tanımak mecburiyetinde olan gençlik, (Mustafa Kemal) namını da hafızalarına ilave etmeli ve halaskârlarımızdan birinin de O olduğunu unutmamalıdır."[13]

---

13. *Yeni Mecmua* gazetesi / 20 Mart 1919

"Asi Kuvvetlerin Komutanı General Mustafa Kemal Sivas'ı Terk Etti..."

Paşa, 30 Nisan 1919'da Padişah Vahdettin'in onanıyla 9. Ordu Kıtaatı Müfettişliği'ne atandı. Atama yazısı 5 Mayıs günü yayımlandı. Resmi Gazete, *(o dönem) Takvim-i Vekayi* idi... İzmir'in Yunanlılarca işgali üzerine protesto mitingleri başladı. Bir gün sonra Yıldız'da Hamidiye Camii'ndeki cuma selamlığından sonra Mahfil-i Hümayun'da Padişah Vahdettin ile görüşüp vedalaştı. Şişli'deki evine gitti. Annesi Zübeyde Hanım ile kız kardeşi Makbule ile vedalaştı. Daha sonra maiyetiyle birlikte akşamüzeri *Bandırma* vapuruyla sekiz yıl 40 gün göremeyeceği İstanbul'dan ayrıldı.

Mitingler genellikle cuma namazı sonrasında düzenlendiği için o günkü mitinglere de *"resmi dua günü"* adı veriliyordu. 19 Mayıs ile 30 Mayıs tarihleri arasında Sultanahmet, Üsküdar, Fatih ve Kadıköy'de 5 miting düzenlendi. Sultanahmet mitingleri 23 Mayıs ve 30 Mayıs 1919 tarihlerinde gerçekleşti. İlkine 200, ikincisine 100 bin kişi katıldı.

Paşa'nın atanma haberi *Zaman* gazetesinde 16 Mayıs 1919 günü fotoğraflı olarak yayımlandı.

Atama haberi yurtdışı gazetelerinin de dikkatini çekmişti. Fransız *Le Temps* gazetesi, Anadolu hareketindeki gelişmeleri İstanbul, Atina ve bazen de İzmir mahreçleriyle *(çıkış yeri)* okurlarına duyuruyordu. Paşa'nın Anadolu'ya geçmesinden sonra görülmeye başlayan o haberlerin 7 Temmuz 1919 günkü

Zaman gazetesi / 16 Mayıs 1919

sayısında, **"Kemal Paşa İstanbul'a dönmeyi reddediyor"** başlığını taşıyordu. Haberin devamında, "Asi kuvvetlerin komutanı General Mustafa Kemal Sivas'ı terk etti ve hükümetin emrine rağmen İstanbul'a dönmeyi reddetti. Mustafa Kemal'in, Enver Paşa'ya katılmak üzere Kafkasya'ya gittiği sanılıyor" yazıyordu...

Vakit gazetesinde 12 Temmuz 1919 günü çıkan haber ise tüm yurtta şok etkisi yarattı. Mustafa Kemal Paşa askerlikten istifa ettiğini açıkladı. Paşa, istifa mektubunu Harbiye Nazırı Ferit Paşa'ya göndermişti.

Gazete, Paşa'nın fotoğraflı bir haberini yayımladı:

"Mustafa Kemal Paşa / Şark Orduları Müfettişi Mustafa Kemal Paşa ahiren askerlikten istifa etmiştir. Mustafa Kemal Paşa istifanamesinde âşığı olduğu silk-i askeriyeden (askerlik mesleğinden) istifasının kabulünü rica ve bakiye-i

ömrünü geçirmek üzere Anadolu'nun uzak bir köşesinde ikamet edeceğini beyan etmiştir. Dünkü mevkutelerin neşriyatına göre Meclis-i Vükela Çarşamba günü Mustafa Kemal Paşa'nın istifasını kabul etmiştir. Malum olduğu üzere Mustafa Kemal Paşa harp içinde bihakkın Anafartalar Kahramanı unvanını kazanmıştı."

İstifanın üzerinden bir hafta geçmeden Dahiliye Nezareti tüm mülki memurlara, Harbiye Nezareti de tüm askeri erkâna bir genelge yayımlayarak, *"Milli Teşkilat'ın dağıtılmasının lüzumundan"* söz etti. İstanbul gazetelerine de gönderilen genelge, *Tarik* gazetesinde 21 Temmuz 1919 günü, **"Milli Teşkilat Hakkında Dahiliye Nezareti'nin mühim bir ta'mimi"** manşeti ve "Milli Teşkilat'ın dağıtılması lüzumu" alt başlığıyla verildi. Genelgede, hükümet kararlarına aykırı fikir ve yorumların vatanperverlik adına olsa bile siyasi gereklere uygun olmadığı belirtiliyordu.

Tarik gazetesi / 21 Temmuz 1919

Mustafa Kemal Paşa'nın 2. Gazetesi İrade-i Milliye

Paşa'nın yemininin halka ve padişaha sunulduğu gazete *İrade-i Milliye* kendisinin çıkardığı ikinci gazeteydi. 4 Eylül 1919 günü başlayan ve 11 Eylül'de sona eren Sivas Kongresi'nin ardından çevresindekilerden yeni çıkaracağı gazete için güvenilir bir yazıişleri müdürü bulmalarını istemiş, aranan yazıişleri müdürü bulunmuş ve gazete çok kısa bir süre içinde çıkarılmıştı. Heyet-i Temsiliye adına Mustafa Kemal tarafından kurulmuş olan gazetenin imtiyazı 22 yaşındaki Selahattin *(Ulusalerk)*, yazıişleri müdürü ise Mazhar Müfit (Kansu) Bey idi.

Gazetenin başlık altı "Metalip ve Amali Milliye'nin Müdafidir" *(Ulusun istek ve amaçlarının savunucusudur)* Paşa tarafından tespit edilmişti. İlk önceleri haftada bir sonraları haftada iki ve günlük olarak yayımlanmaya başlamıştı. Sivas Kongresi zabıtları, Paşa'nın bildirileri ve konuşmaları kentin çeşitli dairelerine resmi mühürlü zarflar içinde gönderiliyordu.

Paşa hem ülke içinde hem de ülke dışında taraftar toplamak için kamuoyu oluşturmayı sağlayacak o gazete için resmi prosedürü uygulamayı da ihmal etmemiş, Sivas Valiliği'nden izin almıştı...

Gazetenin sahibi ve sorumlu müdürlüğünü Sivaslı gençlerden biri olan Selahaddin'e verdi. Gazetenin adı *İrade-i Milliye*'ydi. Gazetenin baskısı, Sivas Valiliği'nin matbaasında gerçekleştiriliyordu. 14 Eylül günü, gazete adının altına şu yazıyı yazdırdı: *"Ulusun istek ve amaçlarının savunucusudur."*

Gazete 30×50 santim boyutundaydı. Meşrutiyet döneminden kalma matbaa makinesi kolla çevriliyor, yeterli puntoda harfleri bulunmuyordu. Gazete matbaasının bulunduğu binanın bir köşesi de Sivas Müdafaa-i Hukuk Cemiyeti merkezi haline getirilmişti. Bu nedenle Mustafa Kemal Paşa sık sık buraya geliyordu. Milli Mücadele'nin temel ilkeleri Paşa'nın emirleriyle yayımlanıyordu. Dağıtımı tehlikeliydi. Bu nedenle gizli yapılıyor, Anadolu'nun dört yanına ulaştırılıyordu. Gazetenin bir nüshasını ele geçiren İngilizler Babıâli'ye gelerek, protesto da vermişlerdi. Gazetedeki haberler ve yazılar Paşa'nın arkadaşlarınca yazılıyor, kendisine okutulduktan sonra baskıya veriliyordu. İlk sayısında Mustafa Kemal Paşa'nın Sivas Kongresi'nin açılış konuşması yer almıştı. Toplam 138 sayı yayımlandı. *(1921 yılı başlarında matbaanın yanmasına kadar yayınını sürdürdü.)*

İrade-i Milliye gazetesinin ilk sayısı

"İttihatçılıkla Alakamız Bulunmadığını Kâinata İlan Ettik…"

Fransız Le Temps gazetesi 8 Eylül 1919 günü Atina mahreçli bir haberle okuyucularının karşısına çıktı. Haberin içeriğinde gazetenin Yunanlıların etkisinde kaldığı apaçık ortadaydı. Haberde Bursa yakınlarındaki Rumların yaşadığı Ursulu kasabasının Türk jandarmalarınca yakıldığına dikkat çekiliyordu. Habere göre Genel Müfettiş olarak Küçük Asya'ya teftişe gönderilen Mustafa Kemal Paşa'dan İstanbul'un haberi yoktu. Gazeteye göre iki rivayet vardı. Bunlardan biri Rauf *(Orbay)* Paşa tarafından esir alınmıştı, diğeri ise Amasya'da milliyetçi Müslümanlarla 5 milyon lira sermayeli bir milliyetçi Müslüman bankası kurmuştu…

Vakit gazetesi birinci sayfasının tamamını Anadolu hareketine ayırıyordu. 5 Ekim 1919 günkü sayısındaki haberinde Paşa'nın fotoğrafına da yer vererek, **"Anadolu'daki Harekât-ı Milliye'nin Esbabı – Sivas Kongresi'nin Mukarreratı"** diye başlık attı. Yazının içeriği şöyleydi:

"Erzurum Kongresi'nden sonra Sivas'ta içtima eden Umumi Kongre'nin ittihaz ettiği mukarrerat (aldığı kararlar) ile başlamıştır. Bu kongre, memleketimizin her tarafında teşkil edilen milli cemiyetlerin murahhaslarından mürekkep idi. Sivas'ta intişar eden (İrade-i Milliye) gazetesinden şu suretle yemin etmişlerdir:

Yemin sureti saadet ve selamet-i vatan ve milliyetten başka Kongre'de hiçbir maksad-ı şahsi takip etmeyeceğime, İttihat ve Terakki Cemiyeti'nin ihyasına çalışmayacağıma, mevcut fırka-i siyasiden hiçbirisinin amal-ı biyasisine hadim olmayacağıma vallahi billahi."

Vakit gazetesi / 5 Ekim 1919

Paşa ve dava arkadaşlarına inananlar boş durmuyordu. *Alemdar* gazetesi de onlardan biriydi. 8 Ekim 1919 günü, **"Kuvayı Milliye – Hükümet"** manşetiyle okuyucularına ulaştı. Haberde, "Kuvayı Milliye Hükümet'ten ne istiyor?" diye sorulup, "Müphemiyetten hâlâ kurtulamadık" diye yazıyordu. *Alemdar*'a göre bu anlaşma çok önemliydi...

Tasvir-i Efkâr gazetesi 9 Ekim 1919 günü bir haber yayımladı. Anadolu hareketinin komutanlarını tanıttı. Başlığı, **"Harekât-ı Milliye'nin sergarında bulunanlar"** idi. Haberde Mustafa Kemal Paşa, Rauf *(Orbay)* Bey ve Ali Fuat *(Cebesoy)* Paşa'nın fotoğrafları yan yana verildi. Şunlar yazılıydı:

> *"Harekât-ı Milliye'yi sevk ve idare edenlerin Mustafa Kemal Paşa ile Bahriye Nazır-ı Eskabı Rauf Bey olduğu malumdur. Mumaileyhumdan (anılan kişilerden) başka Teşkilat-ı Milliye'yi vücuda getiren zevat arasında Mirliva Kâzım Karabekir Paşa ve geçenlerde Ferit Paşa Hükümeti'nin hakkında takibat-ı kanuniye icrasını emrettiği Mirliva Ali Fuat Paşa ve Sabık Jandarma Kumandanı Mirliva Refet Bey de mevcuttur."*[14]

11 Ekim 1919 günü Paşa bu kez *Akşam* gazetesinde yer aldı. Gazete, daha önce *Yeni Gün* gazetesinde yayımlanan Mustafa Kemal Paşa mülakatını yeniden yayımladı. Başlığı, **"Mustafa Kemal Paşa'nın Beyanatı"** idi ve özeti şöyleydi:

> *"...Esas maksadım vatan ve milleti kurtarmak olduğuna göre karşımızda iki hasım zümre bulunması pek tabii idi: Bunlardan biri menafi-i şahsiyesini (şahsi çıkarlarını) menafi-i umumiyeye (kamu çıkarlarına) feda eden hükümet-i sabıka, ikincisi de inkirazımızı (çöküşümüzü) bekleyen birtakım dahili düşmanlar. Bunlar cihan nazarında Harekât-ı Milliye'yi geriletmek ve kendilerini kurtarmak için zaman icabı kuvvetli bir silaha malikti. Bu silah ise İttihatçılık iftirası idi. Bize İttihatçı diyenler, unutuyorlar ki Harekât-ı Milliye bütün millet tarafından icra edilmektedir. Eğer işin içinde*

---

14. *Tasvir-i Efkâr* gazetesi / 9 Ekim 1919

İttihatçılık olmak lazım gelse bütün millet İttihatçılıkla itham edilmiş olur. Sonra yemin suretiyle hiçbir fırkaya mensup olmadığımız ve İttihatçılıkla alakamız bulunmadığını kâinata ilan ettik. Her şeyden evvel şunu söylemek isterim ki Teşkilat-ı Milliye'nin anasır-ı gayr-i Müslime aleyhinde hiçbir fikr-i muzırı (zararlı fikri) yoktur. (...) Cemiyetimiz bir fırka-i siyasiye (siyasi partiye) mensup değildir. Bu sebeple intihabat (seçimler) esnasında ne alelumum (genelde) cemiyetin ve ne de alelhusus (özelde) Heyet-i Temsiliye'nin doğrudan doğruya hiçbir faaliyet ve müdahale olmayacaktır. Eğer millet beni mebus intihap etmek arzusunu izhar ederse maal memnuniye kabul ederim. Fakat kendiliğinden hiçbir teşebbüste bulunmayacağım."[15]

---

15. *Akşam* gazetesi / 11 Ekim 1919

"Mustafa Kemal Paşa Kemal-i Afiyettedir..."

Le Temps yalan haberde sınır tanımıyordu. 15 Kasım 1919 günkü bir haberinde, Mustafa Kemal Paşa Sivas'dtn Lenin'e bir telgraf göndermiş, Sovyetler Cumhuriyeti ile milliyetçi Türkler arasında ittifak önermiş, güçlenmek istemiş ve şunları eklemişti:

> *"Anzavur Ahmet Bey 3000 kişilik bir kuvvet teşkil etmiş vaziyette ve Mustafa Kemal'in Balıkesir'deki mevzilerine saldırı hazırlığında. Burası İzmir-Bandırma hattı üzerinde."*

19 Kasım 1919'da *Tasvir-i Efkâr*, **"Sivas'ta Teşkilat-ı Milliye İntibaatından"** başlığıyla, Sivas Kongresi'ne ilişkin ilk fotoğrafları geçti. Spotlu bir foto-haberdi. "Kuvayı Milliye'nin her ne olursa olsun, Türk milleti için pek büyük bir ehemmiyeti haiz olduğunu takdir ettiğimiz içindir ki, Sivas'a Ruşen Eşref Bey gibi fırkacılıktan münezzeh bir muhabir-i mahsus ile hususi fotoğrafçılarımızı göndermiştik. Fotoğrafçımızın Sivas'ta Kuvayı Milliye'ye ait olarak aldığı fotoğrafilerden dördünü bugün derceyliyoruz *(yayımlıyoruz)*" deniliyordu.

Yeni Gün gazetesinin Sivas'taki özel muhabiri Cezmi Bey idi. Tüm dünyanın merakla beklediği yanıtların sorularını Mustafa Kemal Paşa'ya o soracaktı. Röportajın en önemli özelliği Paşa'nın sağlığıyla ilgili olmasıydı. Röportaj, 6 Aralık 1919 günü

Tasvir-i Efkâr gazetesi / 19 Kasım 1919

yayımlandı. Başlığında, **"Hal ve mevkiin bir de Sivas'tan müşahedesi"** yazılıydı. Cezmi Bey ayrıntıları şöyle veriyordu:

> *"Dünkü telgrafımda da haber vermiş olduğum veçhile Mustafa Kemal Paşa kemal-i afiyettedir. Hatta havalar müsait gittiği takdirde Anadolu dahilinde bir seyahat icrası tasavvurundadır. Bazı gazetelerde yazıldığı anlaşılan hastalık haberinden bahsettiğimde (acaba sebeb-i işaası (yayılma sebebi) ne ola?) diye güldü.*
>
> *Ermeni meselesi şekl-i hazırında ancak hududumuz haricinde bir mesele olmak mahiyetindedir. Filhakika halen ermeniler hududumuz dahilinde tevavüzatları gayr-i vaki'*

olup esasen bu tarafeyn için de mümkün değildir. Ancak Kafkasya'da kâin Ermenistan Cumhuriyeti dahilindeki Türk ve Müslümanlar zulüm ve fecaatin her türlüsüne maruz bulunmaktadırlar. Oradan firar edebilen muhacirin-i İslamiye bize ve Azerbaycan'a iltica ediyorlar. (...) Buna mukabil bizim hududumuz dahilindeki Ermenilere her türlü muavenet ve şefkat irae edilmektedir (gösterilmektedir).

Buradaki Kürtler, oradaki Kürt kulübü namı altında müctemi muhteris (ihtiraslı) insanları tanımamakta ve Halife'den ve Osmanlılıktan başka bir şey düşünmemektedir. Müdafaa-i Hukuk Teşkilatı'na pek kuvvetli olarak merbut olan bu necip kavmi hiçbir telkin ve hiçbir kuvvet Padişah'ın sancağı altından çıkarmağa muktedir olamayacaktır. Bunu bizzat Kürtler mümessillere ve Hükümet'e çektikleri mütemadi telgraflarla ispat etmektedirler.

Anadolu'da fırka (parti) yoktur. Herkes fırkacılığı terk ile istiklal-i vatan ve selameti millet gayesine ma'tuf vahdet-i milliye programı etrafındadır. (...) Orada kendilerine fırka ve cemiyet süsü verenler nafile üzülmesinler, yazdıklarını ve söylediklerini kendileri okuyor ve kendileri dinliyorlar. Anadolu'da bunlara kulak asan yoktur. (...) Cezmi."

Yeni Gün gazetesi / 6 Aralık 1919

Paşa İstanbul Gazetelerinden Şikâyetçi

İstanbul Hükümeti'nden Salih Paşa başkanlığındaki heyeti Amasya'ya gelmişti. *Tasvir-i Efkâr* gazetesi muhabiri Ruşen Eşref *(Ünaydın)* ve foto muhabiri Kenan Bey de onunla beraber oradaydı. Hem görüşmeyi takip edecekler hem de Kuvayı Milliye liderleri ile görüşeceklerdi. Paşa, İstanbul gazetelerinden şikâyetçiydi. Yeterli özeni göstermediklerinden yakındı:

> *"...Daha evvelden anlaşılsa, anlaşılabilseydi daha iyi olurdu. Mesela bu hareketle alakadar olduğumuz için bizden bir iki ay evvel bizi maceraperestlikle itham eden bir iki İstanbul gazetesi, isterdim, yakından temas etseydi. İşin hakikatini keşfedip ona göre tarif etseydi. (...) Milletin hakkını aramasına, bir iki kişi maceraperestlik dediler. O hakkı istirdad (geri almak) için çalışanlar da maceraperest birer muhteris oldu. Fakat durup dururken macera yaratmağa, maceraperest olmağa, bilmem ki, lüzum ve ihtiyaç var mıydı? Şahsi haysiyetleri mi haleldar olmuştu? Aç mı kaldılardı, yoksa şahsi istikballeri küsufe (güneş tutulması)mi uğramıştı? Hayır, değil mi ya? Her şeyleri yerli yerinde idi. O halde bilhassa bir harp yorgunluğundan sonra istirahata muhtaç bir kişinin böyle kalkıp da maceralar, gaileler yaratmağa ihtiyacı yoktu. Halbuki milletin ve memleketin istikbal ve şerefi mevzubahis oluyordu. Bu mesele her düşüncenin fevkindedir. Millet ve*

memleketin sayesinde kazanılan rütbe ve refahın bir ehemmiyeti bir kutsiyeti vardır. (...) Milletin kendi hayatını kurtarmak, kendi meşru hakkını müdafaa etmek için çıkardığı sese iştirak etmek her kendini bilen vatandaşın vazifesidir. Eğer bu millet, bu memleket parçalanacak olursa umumi şerefsizliğin enkazı altında şunun bunun şahsi şerefi de parça parça olur. Biz umumi şerefi kurtarabilmek için harekete gelen millete ruhumuzla iştirak ettik. İştirakimize mâni olabilecek şahsi rütbeleri, mevkileri de umumi şerefi kurtarmağa matuf (yöneltilen) bir gaye uğruna feda ettik..."[16]

---

16. *Tasvir-i Efkâr* gazetesi / 25 Aralık 1919

"Nasıl Oluyor da Bu Millet Zalim ve Kabiliyetsiz Oluyor?"

İtalyanca yayımlanan *Epoka* gazetesi İstanbul yazarı Paşa'dan yazılı olarak sorduğu sorulara yanıt istedi:

1. *Barış Konferansı, Türkiye sorunu ile ilgilenmeye başladığı şu zamanda, sizin bu konudaki şahsi görüşünüzü öğrenmek ve Meclis-i Mebusan açılır açılmaz Kuvayı Milliye'nin (Milli Kuvvetler'in) dağılıp dağılmayacağını bilmek, gazetemizi çok aydınlatacaktır.*
2. *Sizin Mebuslar Meclisi'nde Erzurum'u temsil etmekten çekindiğiniz doğru mudur?*

İki soruya, tek yanıtı net buldu:

"Ankara, 30.12.1919

Bu nedenle size şahsi düşüncemi söylemek isterim: Milletin bu konudaki istekleri Sivas Kongresi'nin resmi bildirgesinde nettir. Teşkilat, bu isteği gerçekleşene kadar görevini yerine getirecektir, hatta genişlemeye devam edecektir. Benim, Meclis-i Mebusan'da Erzurum'u temsilden çekineceğim haberi yanlıştır.

Mustafa Kemal."[17]

---

17. *Vakit* gazetesi, 5 Ocak 1920

11 Ocak 1920 günü *Vakit* gazetesi Sivas'tan Ankara'ya gelen Mustafa Kemal Paşa'nın burada kendisini karşılayanlara yaptığı konuşmayı **"Mustafa Kemal Paşa'nın Pek Büyük Bir Nutku"** başlığıyla manşetine taşıdı:

"...Dün Ankara muhabirimizden aldığımız bir mektuba nazaran Ankara eşraf, ulame ve ahalisini müctemian (toplu olarak) Heyet-i Temsiliye'yi ziyaret etmiş ve bu münasebetle Mustafa Kemal Paşa tarafından bir nutuk irat edilmiştir denilen habere göre Paşa şöyle der:

'Bu fırsattan istifade ederek kısa-i hasbıhalde bulunmak isterim. Efendiler, cümlenizin malumudur ki; harbin son devresinde Amerika Reis-i Cumhuru Wilson, 13 maddeden ibaret bir programla ortaya çıktı. Bu program milletlerin kendi mukadderatına hâkimiyetini temin ediyordu. Programın 12. Maddesi ise münhasıran Türkiye'ye devletimize ve milletimize aittir.'

Boğazlardan serbest geçiş meselesine de değinen Paşa, 'Bu güzergâhta Payitahtımız, kalbigâh-ı devletimiz vardır. Bunun emniyetini ba'del-istihsal (sağladıktan sonra) umum ticarete amade olarak küşat edilmesi de lazım eden görülür' diye konuşur. Savaş sonrası imzalanan mütarekeye temas eden Mustafa Kemal Paşa ba'de (sonra) ecnebiler arasında bizim hakkımızda iki mütalaa mevcut olduğunu zikir ile demiştir ki: '(...) Avrupa devletleri mütarekeden evvel ve mütareke anında, mütarekename ile kendi hudud-ı millisi dahilinde yaşamağa layık bir Türkiye kabul etmişlerdir. Aradan bir sene geçmeden nasıl oluyor da bu millet zalim ve kabiliyetsiz oluyor ve bundan dolayı hakk-ı hayattan mahrum edilmek isteniyor?' diye sorar ve Osmanlı üzerine şu tespitlerde bulunur:

'Halbuki, düşününüz efendiler, milletimizden ufak bir aşiret Anadolu'da müstakil bir devlet tesis ettikten başka garp âlemine, düşman içine girdi ve orada azim müşkülat (büyük zorluklar) içinde bir imparatorluk vücuda getirdi. Bunu, bu imparatorluğu 600 seneden beri kemal-i şevket ve azimete idame eyledi. Buna muvafık olan bir millet elbette ali hasais-i siyasiye ve idareyeye (yüksek siyasi ve idari niteliklere) maliktir. Böyle bir vaziyet yalnız kılıç kuvvetiyle vücuda gelemezdi. Cihanın malumudur ki, Devlet-i Osmaniye pek vâsi (geniş) olan ülkesinde bir huduttan diğer hududuna ordusunu sürat-i fevkalade ile ve tamamen mücehhez (donanımlı) olarak naklederdi ve bu orduya aylarca, belki de senelerce hüsn-i iaşe ve idare ederdi. Böyle bir hareket yalnız ordu teşkilatının değil, bütün şuubat-ı idariyenin (şubeler) fevkalade mükemmeliyete ve kendilerinin kabiliyeti olduğuna delalet eder.'"[18]

---

18. *Vakit* gazetesi, 11 Ocak 1920

Fransız *L'illustration* Dergisinin Yalan Haberi

İstanbul basınının Anadolu'daki gelişmelerle ilgili birçok haberinin önemli bölümleri, sansürlenmiş biçimde, yeri boş olarak çıkıyordu. Bu boş yerlerde *"2 satır ya da 7 satır tay edilmiştir (çıkarılmıştır)"* ibareleri bulunuyordu. Bazen de hiç ilgisi olmayan haberlere Anadolu hareketinin liderlerinin fotoğrafları yerleştiriliyordu.

Vakit gazetesi 4 Temmuz 1920 günkü baskısında, **"İzmir Cephesinde Vaziyet"** başlıklı bir haberde, *"Dün yeni bir Yunan tebliği intişar etmemiştir"* diye yazarak, haberin ayrıntılarını verdi. Ancak bu haber içinde Kuvayı Milliye'nin 3 önemli liderinin fotoğraflarını yayımlayıp, *"Anadolu Harekâtını idare edenler: (1) Mustafa Kemal (2) İsmet Bey (3) Kavaklı Fevzi"* altyazısı verildi. 20 gün sonra *(24 Temmuz 1920)* Fransız *L'illustration* aynı fotoğrafı kullanarak bir haber yayımladı:

> *"Fotoğrafta görülen, Ankara'da milliyetçi Türkiye'nin 'dictateur'ü Mustafa Kemal ile Suriye Yüksek Komiserliği'nin Genel Sekreteri M. Robert de Caix, Kumandan Labonne'u temsilen müzakerede bulundular. Zaten barış antlaşmasına göre Osmanlı'da kalacak olan ve Fransız etki alanında bulunan Kilikya'da bir de milliyetçi Türk kuvvetleriyle çarpışma gibi bir mantıksızlıktan kurtulmak istiyorduk."*

Haberde, Mustafa Kemal Paşa'nın Osmanlı Sancak-ı Şerifi önünde Garp Cephesi Komutanı İsmet Bey ile çekilmiş fotoğrafı da yer alıyordu. Sancak-ı Şerif üzerinde *"Nasrunminel Allah ve fethün karib"* ayet-i kerimesi bulunurken, fotoğraf altyazısında da *"Milliyetçi Türkiye'nin 'dictateur'ü Mustafa Kemal Paşa Ankara'dadır"*[19] yazıyordu.

---

19. *Vakit* gazetesi, 4 Temmuz 1920

"Memleketimiz Haraptır; Milletimiz Fakirdir..."

Yunus Nadi'nin *(Abalıoğlu) Yeni Gün* gazetesi 16 Mart 1920 günü kapatılmıştı. Nedeni Milli Mücadele'yi desteklemiş olmasıydı. İşgalci İngilizlerin hedefindeydi. Anadolu'ya geçen Yunus Nadi Bey Milli Mücadele Hareketi'nin en ateşli taraftarıydı. Kapandığı güne kadar Mustafa Kemal Paşa tarafından dikkatle takip ediliyor, hatta yatmadan önce mutlaka ertesi gün çıkacak yazılarını okuyordu...

Paşa ve dava arkadaşları ülkeyi kurtarmaya ant içmişti. Her fırsatta sadece siyaseten değil askeri anlamda da hazırlıklarını sürdürüyordu. *Excelsior* gazetesinde fotoğrafları yayımlandı. Ankara İmalat-ı Harbiye Fabrikaları'nın işçi ve ustaları tarafından hazırlanan tüfekleri denerken fotoğrafları yayımlandı.

Excelsior / 25 Ekim 1920

Amerika ve Avrupa'da 40-50 elli milyon okuyucusu olan 1200 gazeteye telgraf haberi veren *United Press*'in Roma'daki mümessili genel merkezinden aldığı emir üzerine aşağıdaki soruları Türkiye Büyük Millet Meclisi Reisi Mustafa Kemal Paşa'ya telgrafla sordu ve yine telgrafla yanıt aldı:

- Zat-ı devletleri, İzmir meselesinin suret-i muslihanede *(barış yolu ile)* halli için yeni Yunan hükümeti ile doğrudan doğruya veyahut müttefiklerin veya Amerika'nın vesatetiyle *(aracılığıyla)* müzakerata girişmeyi arzu buyuruyor musunuz?

- *İzmir minküllil vücuh (her yönü ile) Türk memleketidir, Anadolu'nun lâyenfek (ayrılmaz) bir cüz'üdür (parçasıdır). Kan dökmeğe taraftar olmayan milletimiz hakkı teslim ve vatanı derhal tahliye edildiği takdirde sulh ve müsalemet müzakeratına hazırdır. Bu müzakeratın doğrudan doğruya Yunan hükümetiyle icrasını tercih ederiz. Amerika'nın tavassut-ı hayırhaha (iyi niyetli aracılığı) ve insaniyetkâranesini dahi memnuniyetle karşılarız.*

- Sévres ahidnamesinin tadili hakkında Türk milliyetperverlerinin fikirleri nedir? Muahede-i mezkûrede ne gibi tadilat yapılmasını arzu ediyorlar!

- *İstiklal-i siyasi (siyasi istiklal) adli, iktisadi ve malimizi imhaya (yok etmeğe) ve binnetice hakkı hayatımızı (hayat hakkımızı) inkâr ve iptale (hükümsüz kılmaya) matuf (yöneltilmiş) olan Sévres ahidnamesi bizce mevcut değildir. Levazım-ı istiklal ve hâkimiyetimizi temin edecek bir sulhun akdi muhbe-i âmâlimizdir (emellerimizin en kutsalıdır).*

- **Sizinle Yunanlılar arasında hâb-i sulhun *(barış halinin)* teessüsü kabil olduğu takdirde Yunanistan'a karşı takip edeceğimiz siyaset ne olacaktır!**

- *Yunanlıların Türkiye'ye tallûk eden âmâl-i istilâcûyânelerine (istilacı emellerine) hitam vermeleri şartıyla tarafımızdan takip edilerek siyasetin en hakiki dostluk esasına müstenit olacağına şüphe etmeyiniz.*

- **İngiltere Karadeniz ve Akdeniz boğazlarını bırakmak istemediğinden dolayı İstanbul meselesinin halli için ne gibi tadilat kabul edeceksiniz!**

- *İstanbul kemakân (olduğu gibi) bilâ kayd ü şart (kayıtsız ve şartsız) Türk hâkimiyeti altında olmak ve emniyeti mahfuz kalmak şartlarıyla Karadeniz ve Çanakkale boğazlarında serbesti-i seyrüsefer şeraiti tayin olunabilir.*

- **Türk milliyetperverlerinin Amerika hakkındaki fikirleri nedir?**

- *Türkiye halkı Amerika'yı hayırhah ve insaniyetperver ve müdafi-i hürriyet (hürriyet koruyucusu) evsafiyle (vasıflarıyla) tanır. Memleketimiz dahilinde deruhte ettiğimiz medeni ve umranperverâne (bayındırlık yolunda) mesaide Amerika menabiinden (kaynaklarından) âzami surette istifade etmeği temenni ederiz.*

- **İstikbalde ne gibi bir siyaset takip edeceksiniz?**

- *Memleketimiz haraptır; milletimiz fakirdir, maarifimiz dûndur (aşağı seviyededir), iktisadiyatımız zayıftır. Memleketimizi imar ve milletimizi tenvir (aydınlatma) ve terfih (refaha kavuşturma) yegâne ve kat'i emelimizdir. Binaenaleyh sulh ve sükûn içinde mesai-i ciddiye-i medeniyeye (medeniyetin ciddi çalışmalarına) muhtacız. Siyaset-i müstakbelemiz (gelecekteki politikamız) bu ihtiyaçları tatmine (karşılamaya) matuf (yöneltilmiş) olacaktır.*[20]

Akşam gazetesi, *Orient News*'ten alıntı bir habere sayfasında yer verdi:

"*Orient News*, Anadolu Büyük Millet Meclisi Reissi'nin neşrettiği bir beyannameye dair malumat veriyor."

Haberde, *"Mustafa Kemal Anadolu ahalisine hitaben neşreylediği bir beyannamede Hareket-i Milliye'nin gayelerini tavzih eylemiştir"* denilerek, Mustafa Kemal'in kan dökmeyi istemediklerini söylediği belirtilir ve beyannameden şu alıntılar yapılır: *"İstiklalimizi ve hâkimiyetimizi temin edecek yeni bir sulh istiyoruz. Yunanistan füthat siyasetini (dostluk ilişkileri kurmayı) arzu ederiz."* Ayrıca *"Beyannamede Türklerin sulha pek ziyade muhtaç oldukları, bütün vakitlerini terbiye ve irfana vakfedecekleri ve sulhun atîyen temini için çalışacakları zikrediliyor"* vurgusu da yapılıyor.

Paşa'nın olduğu fotoğrafın altında ise, *"Türklerin Avrupa ile hal-i sulhte yaşamağa muhtaç olduklarını ahiren bir beyanname ile neşreden Paris Konferansı tarafından bera-yı müzakere (müzakere için) Londra'ya davet edilen Anadolu Kuvayı Milliye Reisi Mustafa Kemal Paşa"* yazıyordu.[21]

---

20. *Hâkimiyet-i Milliye* gazetesi, 17 Ocak 1921
21. *Akşam* gazetesi, 3 Şubat 1921

"Türkler Bolşevik Olamaz!"

Milli Mücadele'nin lideri Mustafa Kemal Paşa, Ruşen Eşref'e bir röportaj verdi:

Milli hareket bir kuvvetli ışık gibi son günlerde en uzak ve en anut *(inatçı)* bedbin *(kötümser)* gözleri de kamaştırmaya başladı. Anadolu yaylalarından ve dağlarından bu milletin bekası uğruna çıkan ses, içinden pazarlıklı düşmanlarca gayesiz ve şahsi bir isyan gibi görülmekte idi! Fakat eski sözlerinin bühtan *(iftira)* olduğunu bu son davetleriyle yine kendileri ilan ediyorlar:

Lüzumlu sebatının semerelerini görmeğe başlayan Büyük Millet Meclisi uzun sây *(çalışma)* ve galeyanı arasında bir inşirah *(ferahlama)* saati geçirmekte olsa gerektir. Bu inşirahı tevlit eden *(doğuran)* vaziyet hakkındaki fikirlerini öğrenmek üzere reisleri Mustafa Kemal Paşa Hazretleri'nden bir mülakat rica ettim.

Paşa'nın şehir gürültülerinden uzak büyük ve düz mesafeler ortasında kâin *(bulunan)* ikametgâhı sade, sakin... İsmini ve harekâtını bütün dünyanın merak, tecessüs, muhabbet, hırs, menfaat, muhaleset *(dostluk)* gibi mutezat *(zıt)* fakat alakadar hislerle takip ettiği zata yazı odasında mülaki oldum. Basit bir yazı masasının önünde, seryaverinin bir mesele hakkındaki izahatını dinliyordu.

"Ne öğrenmek arzu ediyorsunuz?" diye sordu.

"Vaziyet-i umumiyemizi nasıl görüyorsunuz efendim?" dedim.

Şöyle cevap verdi:

"Vaziyet-i dahiliyemizdeki (iç durumumuzdaki) salâh (iyilik) ve salâbet (sağlamlık) sayesinde cihanın vaziyet-i umumiyesi her gün daha fazla lehimize inkişaf etmektedir. Bu inkişafattan, milletimizin bekasını ve istiklalini temin edecek maddi netaciyin (sonuçların) istihracı (çıkarılması) zamanını pek uzak görmüyorum."

"21 Şubat'ta Londra'da inikat edeceğini *(toplanacağını)* öğrendiğimiz konferans karşısında vaziyetimiz ne olacaktır?"

"Türkiye Büyük Millet Meclisi memleketimizi parçalanmaktan, istiklalimizi ihlâl eylemekten (bozmaktan) tamamen mahfuz (korunmuş) ve masum (sakınmış) bulundurmak gayesini mutlaka silâhla, kan dökerek istihsal etmeye heveskâr ve hahişker (arzulu) değildir. Gayr-i kabil-i tebeddül (değişmez) olan milli maksadı temin edecek bir sulhu kemal-i memnuniyetle karşılar. Buna binaen, İtilâf devletleri Türkiye meselesini, mevzuu bahsolan Londra Konferansı'nda ciddiyet ve samimiyetle halletmek istedikleri takdirde karşılarında bütün millet ve memleketi hakiki salâhiyetle temsil eden meşru muhatapları bulabilmeleri için Türkiye Büyük Millet Meclisi, Londra'ya müteveccihen (doğru) bir heyetini yola çıkarmak üzeredir."

"Rusya Sovyet Cumhuriyeti'yle mevcut münasebetimiz ne haldedir?"

"Ruslarla mevcut dostluğumuz daima hüsn-ü halde devam etmektedir. Moskova'da inikat etmek (toplanacak) üzere olan konferansta hazır bulunacak heyet-i murahhasamız (murahhas heyetimiz) tahminine göre Moskova'ya vâsıl olmak üzeredir. Bu konferansta bütün Kafkas mesailini (meselelerini) millet ve

memleketimizin menafiine (menfaatlerine) mutabık (uygun) bir surette halli kat'iye (kesin hal çaresine) iktiran ettirebileceğimizi (ulaştırabileceğimizi) ve Rus Sovyet Cumhuriyeti'yle Türkiye arasında mevcut muhadeneti (dostluğu) maddi esaslarla tarsin edeceğimizi (kuvvetlendireceğimizi) kaviyyen (kuvvetle) ümit ediyorum."

"Komünizm ile Rus dostluğu esasat *(esasları)* arasında bir münasebet var mıdır?"

"Komünizm içtimai bir meseledir. Memleketimizin hâli, memleketimizin içtimai şeraiti, dini ve milli ananelerinin kuvveti Rusya'daki komünizmin bizce tatbikine müsait olmadığı kanaatini teyit eder (doğrular) bir mahiyettedir. Son zamanlarda memleketimizde komünizm esasatı üzerine teşekkül eden fırkalar da bu hakikatı bittecrübe idrâk ederek tatil-i faaliyet lüzumuna kani olmuşlardır. Hattâ bizzat Rusların müttefikleri dahi bizim için bu hakikatin subutuna (gerçeğin belirmesine) kail (inanmış) bulunuyorlar. Binaenaleyh bizim Ruslarla olan münasebet ve muhadenetimiz ancak iki müstakil devletin ittihat ve ittifak esaslarıyle alâkadardır."

"Londra konferansına iştirakimiz Moskova konferansına ne türlü tesir icra edebilir?"

"Londra konferansına iştirâkten maksat, milli gaye ve esaslarımız dairesinde millet ve memleketimizin menfaatini temin ederek sulh ve sükûn-ı cihanın (cihanın sükûnunun) iadesine hizmet etmektir."[22]

Anadolu Hareketi'ne karşı yapılan olumsuz propagandalardan biri de komünizm ile ilgiliydi. Bu iftira yaygınlaşınca Paşa'nın demeci, **"Türkler Bolşevik Olamaz"** başlığıyla *Vakit* gazetesinde yayımlandı:

---

22. *Hâkimiyet-i Milliye* gazetesi, 6 Şubat 1921

"Ruslarla dostluğumuz devam etmektedir. Komünizm içtimai bir meseledir. Memleketimizin hali, milletimin içtimai şeraiti ve milli akidelerimizin kuvveti, Rusya komünizminin bizce tatbiki kabil olmadığı kanaatini teyit edecek bir mahiyettedir. Son zamanlarda memleketimizde komünizm esasları üzerine teşekkül eden fırkalarda (partilerde) bu hakikati bittecrübe anlamış olduklarından tatil-i faaliyet lüzumuna kani olmuşlardır. Hata bizzat Rus mütefekkirleri bile bu hakikatin sübutuna kaildir. Benaenalyh Ruslarla münasebetimiz ancak iki müttefik devletin ittifak ve ittihad esaslarıyla alakadardır."[23]

Üç gün sonra *Vakit* gazetesi, *Journal Doryan*'a dayandırdığı bir habere sayfalarında yer verdi:

"Mustafa Kemal Paşa Bekir Sami Bey'e çektiği bir telgrafnamede İstanbul ile itilafı menedecek bütün mevani müşkilatı (zorlu, engelli) ber-taraf etmesini tavsiye eylemiş..."

---

23. *Vakit* gazetesi, 14 Şubat 1921

"Hâkimiyet Kayıtsız Şartsız Milletindir..."

ABD Philadelphia *Public Ledger gazetesi* için çalışan Clarence K. Streit bağnaz biriydi. Milli Mücadele'ye inanmayan, Türkleri barbar diye nitelendiren bir zihniyete sahipti.

Streit, Mustafa Kemal Paşa'ya dair izlenimlerini gazetesine aktarmak niyetindeydi. Ancak ülkesine dönerken kiminle muhatap olduğunun farkına varacaktı...

Streit Ankara'ya geldi. Fransızca konuşacaklardı. Paşa'nın zorunlu olarak ikamet ettiği İstasyon Şefi'nin oturduğu, Batılı tarzda döşenmiş çalışma odasına girdiğinde şaşkındı.

Paşa kendisine Türk usulüyle kahve ve sigara ikram etti. Röportaja geçildi:

- Meclis'in geçirdiği anayasaya göre, yürütme ve yasama güçleri sadece Meclis'in kendisine verildi. Bu durum Sultan'ın gelecekteki konumunu nasıl etkileyecek?

- Anayasamızı kabul edecek ya da çekilecektir. Bizim isteklerimize sıcak bakan başka bir sultan bulmak kolay olacaktır.

- Türkiye'nin başşehrinin ileride Anadolu'da kurulacağı doğru mudur?

- İstanbul elbette geleneksel başşehrimiz ve bu şekilde de devam etmeli. Fakat bu savaşta edindiğimiz bir deneyim bize ders oldu.

Saltanat ve halifelik İstanbul'da kalacaktır ama gerçek hükümet, Millet Meclisi ve kabine, burada Anadolu'da İstanbul'dan daha iyi korunacağı için memleketin merkezinde olacaktır. Meclis elbette zaman zaman İstanbul'a gidebilir ama hükümetin daimi makamı orada olmamalıdır. Mesele için karara varılmadı ama tartışılıyor. Kayseri, Sivas ve Yozgat'ı olası yerler olarak düşünüyoruz. Bu merkezi bölgeyi araştırıp en iyi başşehir bölgesini bulması için bir komisyon göndereceğiz. Bol bol ağacı ve bir akarsuyu olmalı, kısacası doğal güzelliği...

- **Dini meseleler ve Cihat'a karşı tutumunuzu daha ayrıntılı açıklar mısınız?**

- Dini konularda pek bilgim yoktur ama duyduğum kadarıyla İslamiyet tehlikedeyken Halife'nin Müslümanları müdafaa için Cihat'a çağırma hakkı var. Bence Sultan 2. Balkan Savaşı'nda böyle bir çağrı yaptı ama bildiğiniz üzere başarılı olamadı. Burada siyasetle dini meseleleri birbirine karıştırmıyoruz. Biz sadece emrimizdeki maddi güçlerle savaşıyoruz, dini hisleri yardımımıza çağırmıyoruz. Türkler bağnaz değildir. Elbette her ülkede olduğu gibi aramızda halkı ayaklandırmaya çalışan hocalar (din görevlileri) var ama onları kontrol altında tutmalıyız ve tutacağız.

- **Cihat, şeriat gibi dini meselelerde ve din ve devletin ayrılmasıyla ilgili hükümetinizin tutumu nedir?**

- Sanırım her millet gibi her fert de vicdan hürriyetinden tam olarak istifade etmelidir. Bu prensip *"Bir millet şayet Müslüman ise bağımsızlığa hakkı yoktur"* şeklinde düşünen düşmanlarımız tarafından maalesef çiğnenmiştir. Halen, Suriye'de, Irak'ta ve Anadolu'da cereyan eden durum ileri sürdüğüm bu hususun en güzel delilidir. Bizim dinimiz İslamiyet'tir. İslam, dogmatik kısmı dışında nazara alınırsa en geniş anlamı ile hoşgörü temeline dayanan *"sosyo-politik"* bir sistemden başka bir şey değildir ve *"ferdiyetçilik"* ile *"komünizm"* arasında orta bir yol teşkil etmektedir.

- Diğer Müslüman hükümetlerle hükümetinizin ilişkileri ne durumdadır?

- Biz tabiatıyla bütün Müslüman devletlerle son derece dostane ilişkiler içindeyiz. Önceden de belirttiğim gibi, kendi kaderini kendi tayin etme hakkının bütün Müslüman milletlere tanınmasını görmek benim en büyük arzumdur.

- İslam Birliği *(Panislamizm)*, Türklük Birliği *(Pantürkizm)* ve Turan Birliği *(Panturanizm)* hakkında tutumunuz nedir?

-Bütün Müslümanların Türk hâkimiyeti altında birleşmesi anlamına geldiği sürece Panislamizm, üzerinde Türk ırkı yaşayan bütün ülkelerin Anadolu Türklerinin hâkimiyeti altında birleşmesi anlamına geldiği müddetçe de Panturanizm; İngiltere emperyalistlerinin, bize karşı sürdürdükleri daimi Haçlı Seferi'ne kendi milletlerinin desteğini temin etmek maksadı ile uydurmuş oldukları *"korkuluk"*lardır. Thames Nehri'nin kıyılarından bize gülünç ithamlar savuranların yapmış oldukları ve her gün biraz daha yaptıkları gibi dünyanın yarısını veya dörtte birini fethetmeye bizim herhangi bir şekilde ne niyetimiz ne de arzumuz vardır. (...) İngilizlerin beyan ettiklerinin aksine, biz milletlerin kendi kaderlerini bizzat tayin etmeleri ilkesinin Müslümanlar dahil bütün milletler samimi bir şekilde tatbik edilmesi halinde bu savaşın sonlanacağına inanıyoruz.

- **Türkiye'nin gelecekteki yönetim şekli, saltanat ve hilafetin yeri, eğitim, kadın hakları, ulaşım ve doğal kaynakların kullanımıyla ilgili düşünceleriniz nelerdir?**

- Türkiye'nin gelecekteki rejimi *"Hâkimiyet kayıtsız şartsız milletindir"* esasına dayanmaktadır ve böyle devam edecektir. Türk Milleti'nin mevcudiyeti ve kudreti saltanat ve hilafetin gerçek kaynağıdır. Biz eğitim sistemimizin geliştirilmesi için şimdiden çaba göstermekteyiz. Sulha kavuşur kavuşmaz bu konuya yeni bir hız vereceğiz. Aynı şekilde kadınların eğitimine de büyük önem atfediyoruz. Bizi zincire vuran kapitülasyonları bertaraf ettikten sonra ekonomik kalkınmamız için hararetle çalışacağız...

Streit'in röportaj sonrası yorumu:

"Türk ordusu ve halkı uzun bir savaş için kendine güveniyor ve donanımlı Yunanlılar Uşak ve Bursa cephelerindeki çift saldırıdu başarılı olduklarını bildirse de (Afyonkarahisar ve Eskişehir için) bekledikleri nihai sonucu elde etmelerinde hemen hemen şansları yok gibi. Ankara'yı alsalardı bile Türklerle işleri kesinlikle bitmeyecekti. (...) Türkiye, demiryolu ve şehirlerinin alınmasının zafere işaret ettiği üst seviyede organize olan Batılı devletlerle karşılaştırılmamalı. Daha çok bölünmüş bir solucana benziyor, parçaları ayırın ve her parça yaşamaya devam edecektir. Yunanlıların Türkleri yenmesinin tek yolu Anadolu'dan Doğu cephelerine ilerlemek ve gittikleri her şehre garnizon kurmak ve gelecek yılları için askeri işgale hazırlanmaktır. Bunu yapacak ne insan gücü ne de paraları var, şu durumda hükümet çalışanlarına tam maaşlarını bile veremiyorlar. (...) Yunanlılar hâlâ sayıca onlardan fazla, motorlu ulaşım ve cephanelikte avantajlı konumda olsa da, Türkler aylardır bu saldırı için hazırlanıyor.

Türkler kış boyunca düzensiz birlikleri dağıtmaya ve tüm Yunan cephesi boyunca düzenli orduya sahip olmaya muvaffak oldu. (...) Türk birliklerinin sık sık gururla milliyetçi marşlar söylediğini duydum, bazen başlarında iyi bir ordu bandosuyla uygun adım yürürken. Askerler ayda 10 dolar kazanıyor ve konuştuklarımdan hiçbiri ödeme yapılmamasıyla ilgili bir şikâyette bulunmadı. Halkın moraline gelince, insanlar barışa hasret ama sonuna kadar savaşmaya kararlı oldukları da aşikâr, Türkler savaşçı bir ırktan geliyor."

(Clarence K. Streit'in Yunanlıların Anadolu işgalinin yenilgisini öngören 25 Mart 1921 tarihli haberi)[24]

---

24. Heath W. Lowry, *Bilinmeyen Türkler*

"Hürriyet ve İstiklal Benim Karakterimdir..."

22 Nisan 1921 günüydü. Paşa, niyetini, gelecekte yapmayı hedeflediklerini gazeteler aracılığıyla insanlara ve dünyaya yaymaya, benimsetmeye çabalıyordu. *Hâkimiyet-i Milliye* muhabirine bir röportaj verdi:

- **Paşa Hazretleri, yarın nisanın yirmi üçü... Büyük Millet Meclisi'ni geçen sene bugün açmıştınız. Bu tarihin çok büyük kıymeti var; ve bu tarih, mazi-i millimizin (ulusal geçmişimizin) en kıymetli bir hatırası olacak, bu münasebetle bazı sualler sormama müsaade buyurulur mu!?**

- Ne sormak istiyorsunuz?

- **Geçen 23 Nisan, Meclis'in ilk yevm-i küşadına *(açılış gününe)* ait hatırat ve ihtisasatınızı *(duygularınızı)* sormak istiyorum, Paşa Hazretleri. Bu hatırat ve ihtisasat tarih-i millimiz için çok kıymetlidir.**

- Peki izah edeyim.

Paşa koltuğuna gömüldü, birkaç dakika düşündü, sigarasından pencereye doğru giden helezoni dumanları bir müddet gözleriyle sakitane *(sessizce)* takip etti ve hatıratını ağır ağır şöyle anlattı:

- 16 Mart vak'a-i feciası *(yürekler acısı olay)* üzerine artık İstanbul'a büsbütün kement vurulmuş, millet ve memleket başsız kalmıştı. Onun istiklalini düşünmek ve kurtarmak için Ankara'da milli bir meclis toplamak lâzım geldi. Bu kanaat üzerine lâzım gelen çarelere tevessül ettik *(giriştik)*. Böylece geçen Nisan evasıtında *(ortalarında)* milletvekilleri Ankara'da toplanmağa başladı. Ancak memleket vâsi *(geniş)* ve vesait-i münakalesi mahduttu *(ulaşım araçları sınırlıydı)*. Bunun için vekillerin muvasalatı daima teahhura *(gecikmeye)* uğruyor ve bu teahhur beni tâzip ediyordu *(üzüyordu)*. Bu azap içinde bütün rüfekay-ı mesaim *(çalışma arkadaşlarım)* ile gece gündüz bilâ ârâm *(dinlenmeksizin)* çalışarak vaziyete ait çareleri düşünüp tatbik ile meşgul oluyordum. O esnada dahilde halkın efkârını tesmim etmek *(zehirlemek)* ve hariçte efkâr-ı umumiye-i cihanı *(cihanın kamuoyunu)* teşviş eylemek *(karıştırmak)* maksadıyla çalışanların kullandıkları vasıtalardan birisi de doğrudan doğruya benim şahsiyetim idi. Memleketimizdeki milli heyecanı, hakkı ve istiklali müdafaa uğrunda gösterdiği kaabiliyet-i hayatiyeti *(yaşama gücünü)* inkâr için bu kimseler, bütün hücumlarını bana tevcih ediyorlardı *(yöneltiyorlardı)*.

Gerek millete ve gerek İstanbul'daki hükümete resmen diyorlardı ki: "Mustafa Kemal'i tanımayınız; Mustafa Kemal'e emniyet ve itimat etmeyiniz. İtilâf devletlerinin Türkiye'ye karşı gösterdiği şiddet, onun yüzündendir." Onlar böyle söylüyorlar. Ve ben bertaraf edildiğim takdirde, millet ve memleketin hariçten her türlü dostluğu ve iyiliği göreceğini ileri sürüyorlar, efkârı bu suretle iğfale *(yanıltmaya)* çalışıyorlardı. Ben, bu teşebbüste ne kadar zehirli, fakat mâhirane bir kasıt olduğunu bütün vüzuhiyle *(açıklığı ile)* görüyordum. Ancak milletimin üstüne konan tazyik ve esaret yükünün benim yüzümden ileri geldiğini düşünebilecekleri tevehhümden *(kuruntudan)* kurtarmak için, o güne kadar ihdas edilen *(meydana getirilen)* vaziyet-i tarihiyenin ve bu vaziyetin o günden sonraki safahatına *(safhalarına)* ait mesuliyeti diğer bir arkadaşa tevdi ederek *(yükleyerek)* köşe-i nisyan *(unutulma köşesi)* ve inzivaya *(yalnızlığa)* çekilmenin muvafık olacağını düşündüm ve bu fikrimi o zamanlar temasımda bulunan rüfekay-ı mesaimin kâffesine açık ve kat'i bir lisanla bildirdim. Fakat rüfekam, böyle bir hareketin düşmanın niyat *(niyetleri)* ve arzusunu terviçten *(kabul etmekten)* başka semere vermeyeceği iddiasında bulundular.

Dahili isyan ateşi Ankara kapılarına kadar takarrüp etmekte *(yaklaşmakta)* idi. Vaziyetin vahameti *(kötülüğü)* mes'uliyetin azameti tedhiş edici *(dehşet verici)* bir mahiyette idi. Bu vaziyet karşısında şöyle düşündüm: Hâdis olan *(meydana gelen)* vaziyetten her ne mülâhaza *(düşünceye)* mebni olursa olsun *(dayanırsa dayansın)* çekilmek iki suretle tefsir olunabilirdi. Birincisi tutulan işde nevmidiye *(umutsuzluğa)* düşmüş olmak, ikincisi tutulan işin sıklet-i mes'uliyetine *(sorumluluk yüküne)* tahammül edememek. Filhakika bu gibi yanlış zehaplar *(sanmalar)* hem maksad-ı mukaddesi rahnedar edebilir *(gedik açabilir)*, hem de bu maksat etrafında toplanan kuvvetleri inhilâle *(dağılmaya)* uğratırdı. Binaenaleyh arkadaşlarımın samimiyetine, milletimin azim ve imanına ve düşmanlarımızı evvel ve âhir itiraf-ı acze mecbur edeceği hakkındaki kat'i kanaatime ve Allah'ın tevkifine istinaden kemafissabık *(geçmişte olduğu gibi)* sonuna kadar mücahede-i milliyemizin şahsıma tahmil ettiği *(yüklediği)*, vazife-i namus ve vicdanı ifade devahıma karar verdim. Ve artık harekât-ı umumiyenin bir şekl-i kanunide tedvirine *(idaresine)* başlamak gününün daha ziyade teahhura *(gecikmeye)* da müsaadesi kalmadığından 336 *(1920)* senesinin Nisan 23'üncü günü Meclis'in kürşadı *(açılışı)* münasip görüldü.

İşte 23 Nisan cuma günü, öğleden sonra takriben saat ikide Meclis binasının kapısından girerken, günlerden ve gecelerden beri bütün mevcudiyetimi işgal eden bu efkâr ve ihtilis salonunu dolduran milletvekillerinin emniyet ve itimad-ı nazarla *(güvenli bakışlarla)* bana mütevecih *(yönelmiş)* olduklarını gördüğüm zaman teşebbüsatımızın milletin âmaline *(emellerine)* tamamen tevafukunu *(uygunluğunu)* bir kere daha idrâk ettim *(anladım)*. Ve artık benimle fikir ve emelde müşterek milletin fikir ve emelini tamamen temsil eden bu kadar arkadaşla beraber çalışacağımdan mütevellit *(doğan)*, büyük bir bahtiyarlık hisseyledim.

- Paşa Hazretleri, Türk milletinin bütün âleme gösterdiği bu necip ve asil mukavemet fikri, zât-ı devletlerine nasıl layih oldu *(belirdi, parıldadı)*? Mukavemete ait ilk düşüncelerinizi sormama müsaade buyurulur mu?

- Hürriyet ve istiklal benim karakterimdir. Ben milletimin ve büyük ecdadımın en kıymetli mefrûsatından *(miraslarından)* olan aşk-ı istiklal ile meftur *(dolu)* bir adamım. Çocukluğumdan bugüne kadar ailevi ve hususi ve resmi hayatımın her safhasına yakından vâkıf olanlarca bu aşkım malûmdur. Bence bir millette şerefin, haysiyetin, namusun ve insanlığın vücut ve beka bulabilmesi mutlaka o milletin hürriyet ve istiklaline sahip olmasıyla kaimdir. Ben şahsen bu saydığım evsafa çok ehemmiyet veririm ve bu evsafın kendimde mevcudiyetini iddia edebilmek için milletin de aynı evsaf ile muttasıf *(nitelenmiş)* olmasını şart-ı esas *(esas şart)* bilirim. Ben yaşayabilmek için mutlaka müstakil bir milletin evlâdı kalmalıyım. Bu sebeple milli istiklal bence bir hayat meselesidir. Millet ve memleketin menafil *(menfaatleri)* icap ettirdiği takdirde beşeriyeti teşkil eden milletlerden her biriyle medeniyet mukteziyatından *(icaplarından, gereğince)* olan dostluk, siyaset münasebatını büyük bir hassasiyetle takdir ederim. Ancak benim milletimi esir etmek isteyen herhangi bir milletin de bu arzusundan sarf-ı nazar edinceye kadar biaman *(amansız)* düşmanıyım.

Meselâ: Harb-ı Umumi küre-i arz *(dünya)* üzerinde infilâk ettiği zaman vaziyet-i coğrafiye, vekayi-i tarihiye ve muvazenet-i siyasiyenin icbarları *(zorlamaları)* karşısında muhafaza-i bitarafiye *(tarafsızlığı korumaya)* adem-i imkân *(imkân olmaması)* yüzünden Almanların bulunduğu zümreye dahil olduk. Almanlarla dost olduk. Almanlar memleketimize, ordumuza ve hükümetimize kadar girdiler. Bunların hepsini hoş gördük. Fakat Almanlardan bazıları haysiyet ve istiklalimizi muhil *(bozucu)* vaz'u tavır almağa başladıkları dakikada en evvel ve hemen hiçbir kayıt ve şarta bakmaksızın ruhan ve hattâ fiilen isyan ettim. Bu isyanım yüzünden idi ki Harb-i Umumi'nin cereyanı içinde bir seneye yakın bir zaman bu hareketimin mürevvici olmayanlarla muhalif ve muhasım vaziyette kaldım. Bilâhare hasbelicap *(gerektiği için)* tekrar Suriye'de kabul ettiğim kumanda, harbin son günlerine tesadüf etti. Harbin idamesine taraftar olmadığım gibi harbin her fırsattan bilistifade hitama *(sona)* erdirilmesi lüzumuna da kani bulunuyordum ve bu kanaatimi hususi ve resmi beyandan hâli *(uzak)* kalmamıştım. Netice-i harbin bizim için elemli olacağını tahmin ediyordum. Fakat İngilizlerin, Fransızların, İtalyanların bizim için elemli olabilecek olan bu neticeyi, memleketimizi parçalamak ve milletimizi terzil ve tahkir ederek *(hakarette bulanarak)* hayvanat-ı vahşiye sürüsü haline sokmaya çalışacak kadar ileri götüreceklerini düşünemiyordum. Her halde mağlûp olursak cezasız ve zararsız bırakılmayacağımıza şüphe etmiyordum. Fakat insaniyet, medeniyet ve adalet düsturlarının *(kurallarının)* müdafii olmakla tanınan bu milletlerin hükümet adamları, ne zihniyet ve fıtratta *(yaradılışta)* olurlarsa olsunlar her halde Türkiye'nin ve Türkiye halkının tarihini, haysiyet ve mevcudiyetini istiklalini yıkmak gibi vâhi *(boş)* bir teşebbüse girişmeyeceklerini zannediyordum. Mütareke münasebetiyle Yıldırım Orduları Grubu Kumandanı olarak bulunduğum Adana'dan ayrılıp İstanbul'a geldiğim zaman mütarekenamenin tatbikatına ve onu takip edecek sulhün şeraitine müteallik mülâhazatımda *(düşüncelerimde)* âmil ve müessir olan fikir ve kanaatler böyle idi. İstanbul'da İngiliz, Fransız ve İtalyan rical-i siyasiye ve askeriyesinden bazılarıyla vuku bulan münasebet ve mülâkatlarımda da daima samimiyetle bu fikirleri söylüyor ve diyordum ki: "Harbe girmek ve harbe girdikten sonra müttefikin *(müttefikler)* zümresine dahil olmak bizim için zaruri idi. Çünkü bitaraf bırakmazdınız. Çar Rusyası sizin tarafta idi. Mağlûbeyiten tabii olan icabatı elbette mevzubahis olur. Fakat milleti istiklalinden mahrum ederek imha etmek, hiç bir vakit bu icabattan addolunamaz."

Bütün bu temaslar, bende hayret ve istiğrap *(tuhaf bulma)* ile bir hakikati inkişaf ettiriyordu. Dinlediğim samimiyetsiz sözlerde gizlenen bu hakikat, düşmanların bizi behemehâl imhaya karar vermiş olmaları idi. İtilâf memurlarının, zabitlerinin, askerlerinin İstanbul'da en büyük müesesat *(kurum)* ve mahafilden sokaklara kadar, her yerdeki tavır ve hareketleri, tecavüzleri, tahkirleri dahi keşfettiğim bu hakikati teyit eden *(kuvvetlendiren)* bir delil oluyordu. Bu hakikate, herkesin gözü önünde cereyan eden bu tecavüzat ve tahkirata karşı koca İstanbul içinde padişahından, rical-i hükümetten, kumandanlarından, zabitlerinden en son neferine ve ferdine kadar bir buçuk milyon can; toplu, tüfekli, zırhlı, kırılması müşkül ve kalın zincirlerle sımsıkı bağlandıklarını anlamaksızın, mebhut *(hayret içinde)* ve mütevekkil duruyordu. Ben de bu zincirlerle muhat *(çevrili)* ve kendime hemdert *(dert ortağı)* aramakla meşgul idim. O mebhut ve mütevekkil kütleler içinde zaman zaman müteşebbis görünen insanlar fark ediyordum. Bunlar fenalığı aleıtlak *(genel olarak)* hissediyorlar ve ona çaresaz olmak *(çare bulmak)* istiyorlardı. Fakat nokta-i istinatlarını *(dayanma noktalarını)* yine İstanbul kavafil-i surunun *(sur kafilesinin)* içindeki kütlede aradıklarını görüyordum. Lâyuad *(sayısız)* programlar ve

bu programların etrafında zincirbend-i esaret *(esaret zincirine bağlanmış)* olduklarının fâriki bulunmayan *(farkında olmayan)* yine o insanlar, zümreler, fırkalar, cemiyetler, gruplar...
Bütün bu teşekküllerin istikameti benim ruhumdaki tecelli ile tamamen tezat teşkil ediyordu. Çünkü bu teşekküllerin hiçbirinde mevzubahis olan davanın hakiki mahiyetini idrâk etmiş olmak isabetini göremiyordum. En münevver sayılan insanların manda meclûbiyeti *(tutkunluğu)* ile milletin ruh-ı istiklalini *(bağımsızlık ruhunu)* yıkmak için gafilâne bir sa'y-i gûşiş-i mütemadi *(sürekli çalışma ve çaba)* içinde çırpındıklarını hayretle görüyordum. Ben artık şu noktalarını gayet vâzıh *(açık)* mütalâa edebiliyordum: Düşmanlar istiklalimizi imhaya karar vermişlerdir. Bu hakikati millet, henüz tamamıyla keşfetmemiştir. Çünkü İstanbul karanlık sisler içinde boğulmuştur. Oradaki zekâlar, oradaki vicdanlar bir taraftan doğrudan doğruya düşman tazyiki *(baskısı)* diğer taraftan bilvasıta *(aracılık ile)*, düşman iğfaliyle *(aldatmasıyla)* bunalmış ve bunaklaşmış bir halde idi. Hiçbir kudret bu muhit içinde, vaziyet-i hakikiyeye göre doğru hedef göstermeğe muvaffak olamaz ve hedef-i milleti sevk için kuvvetli bir zemin-i istinat *(dayanma zemini)* bulamazdı. Her halde nokta-i hareket İstanbul'un haricinde idi. Bu noktayı bulmak ve oradan bütün milleti hakiki hedefe sevk etmek lâzım geliyordu. Bunun üzerine günlerce düşündüm, mahdut bazı arkadaşlarımda müdavele-i efkâr ettim *(fikir danıştım)*. Onlar da benimle hemfikir oldu. Ben evvelâ herhangi bir suretle Anadolu'ya geçmek ve orada milletin efkâr ve hissiyatını bir defa daha yoklamak ve menabi-i memleketi *(ülkenin kaynaklarını)* takip etmek istiyordum. İstanbul'dan infikâkim *(ayrılışım)* bir mesele idi. Bunun suret-i hallini düşündüğüm bir sırada Anadolu'da salâhiyeti oldukça vâsi ordu müfettişliğini kabul edip etmeyeceğim istimzaç olundu *(fikrim yoklandı)*. Bilâ tereddüt *(tereddütsüz)* kabul ettim. Ve Anadolu'ya bu şerait tahtında geçtiğim

takdirde fazla hiçbir tetkik ve tetebbua *(araştırmaya)* lüzum kalmaksızın düşüncelerimin en müsait bir saha-i tatbikat *(uygulama alanı)* bulabileceğine emin idim. Hemen hareket günü idi ki İzmir'i haydutçasına işgal etmek suretiyle millete büyük bir suikast misali vermiş oldular. Artık gayr-ı kabil-i tezelzül *(sarsılmaz)* bir suretle kararımı vermiştim: Anadolu'ya gideceğim; derhal bütün salâhiyet ve vesaitimle milleti hakikat-i halden *(durumun hakikatinden)* haberdar edeceğim. Ve istiklal-i milletimize *(ulusumuzun bağımsızlığına)* vurulmak istenen darbeye karşı eshab-ı mukavemet *(dayanma sebepleri)* ve müdafaayı ihzara *(hazırlamaya)* çalışacağım.

Erkânı Harbiye-i Umumiye'de vicdanlarına emin olduğum rüesaya *(reislere)* maksadımı anlattım ve icraatımın suubete *(zorluğa)* uğratılmaması için mümkün olan muavenetlerini *(yardımlarını)* rica etim. Vapura binmeden evvel Bâb-ı âliye uğradığım zaman Yunanlıların bu tecavüzün gaflet içinde haber alan Heyet-i Vükelâ hâl-i içtimada *(toplandı durumunda)* bulunuyordu. Benim vürudumdan *(gelişimden)* haberdar oldukları zaman müzakerelerini tatil ederek bir kısmı yanıma geldi:

"Ne yapalım?" dediler. "Celâdet *(yiğitlik)* gösteriniz!" dedim. "Bunu burada nasıl yapabiliriz?" diyenlerine: "Burada yapabildiğiniz kadarını yaptıktan sonra devam edebilmek için benim yanıma gelirsiniz" cevabını vererek ayrıldım.

Samsun'a ayak bastıktan sonra derhal memleket ve milleti yokladım, gördüm ki memleketin ve milletin temayülâtı, istiklal müdafaasında tereddüt edenleri hacil *(utandıracak)* mevkide bırakabilecek bir mahiyet-i âliyededir *(yüce niteliktedir)*. Filhakika iki seneden beri bütün dünyanın şahit olduğu vekayi ve hâdisat düşüncelerimde isabet ve milletin azim ve imanında hakiki selâbet *(sağlamlık)* olduğunu isbat etti. Bundan dolayı elden müftehirim.[25]

---

25. *Hâkimiyet-i Milliye* gazetesi, 24 Nisan 1921

"Böyle Bir Millet Yenilemez!"

1921 yılının Kurban Bayramı arifesiydi (14 Ağustos). Paşa, Ankara'daydı. Kentte tam bir savaş havası esiyordu. Kalabalıktan halkın önemli bir bölümü sokaklarda yatıp kalkıyordu. Ruşen Eşref (Ünaydın), Yakup Kadri (Karaosmanoğlu) ve Ziya Gevher (Etili) *Hâkimiyet-i Milliye* gazetesini adeta mesken tutmuştu; neredeyse orada yatıp kalkıyorlardı...

Paşa'nın aklında Sakarya Meydan Muharebesi'nin planları vardı. Sıcak bölgeye geçmesinden bir gün önce konuğu olan Amerikalı gazeteci Shaw Moore'a bir röportaj verecekti. Dünyanın gözü kulağı Anadolu'daydı. Moore görüşmenin yapılacağı binaya girdiğinde Paşa kendisini nezaketle karşıladı. Kısa bir tanışmanın ardından sohbete geçildi. Ancak röportajın gerçekleşip gerçekleşmeyeceği henüz belli değildi. Moore ricayla karışık izin ister gibiydi:

- Yakında ülkeme döneceğim... Amerikan milletine bir mesaj göndermek istemez misiniz?

Kaşlarını çatarak güçlü gözleriyle Moore'u iyice süzdükten sonra cevap verdi:

- Amerikan milletinin Türklerin bağımsızlık mücadelesine karşı ilgi duyması gerekir. Çünkü Türkiye'de bir elçiliğiniz, okullarınız ve hastaneleriniz vardır. Biz bir ölüm kalım savaşımına girişmiş bulunuyoruz. Ne gibi şartlar altında dönüştüğümüzü de gördünüz.

Başkomutanın Moore'u önce şaşırttı, ancak keskin zekâsı ile karşısındaki gazetecinin iyi niyetli olacağını sezmiş olacak ki kısa bir açıklamayı kabul etti. Vakti çok değerliydi, sözlerini kısa tuttu:

- Biz, Türkiye'nin bağımsızlığını ve bütünlüğünü kurtarmaya çalışıyoruz. Allah'ın yardımı ve Türk milletinin yenilmez gücüne dayanarak amacımıza ulaşacağız.

Söyleşi uzun sürmedi. Paşa Polatlı'da başlatacağı kurtuluş harekâtının yapılacağı bölgenin haritasının başına, kurmaylarının yanına gitti...

Moore, ertesi gün (Kurban Bayramı'nın birinci günü) sabah erkenden uyandı. Ankara Camii'nin önünde sokakta namaz kılan 5000'e yakın kalabalığı görünce hayrete düştü ve o onları fotoğrafladı. Tam o sırada Başkomutan kalabalığın arasında göründü ve coşkun bir selin arasında muharebe bölgesine uğurlandı. Bataklığa saplanmış bir millet, ulus olma yolunda feleğin çemberinden geçiyor, vatan mücadelesi veriyordu. O mücadelenin önderi ordusunun başında zafer yolculuğuna başladı.

Shaw Moore gördüklerini iki gün sonra Türk meslektaşlarına anlattı:

- Başkomutan'ın önünde bir geçit töreni yapıldığını gördüm. Bu kahramanların giysileri yırtık pırtık, silahları derme çatma olduğu, üstelik bir kısmının ayağında postal bile bulunmadığı halde çelik gibi inançla geçit töreni yapıyorlardı. Bu coşkulu durumu görünce kararımı verdim: "Böyle bir millet yenilemez!"

"Biz Büyük Hayaller Peşinden Koşan Sahtekârlardan Değiliz..."

Gazi'nin kafası bir yandan cephede, bir yandan da güven sağlamak ve moral vermek için halkın arasındaydı. *Vakit* gazetesi, **"Azerbaycan Sefirinin Şerefine Bir Ziyafet"** başlıklı haberi yayımladı:

"Mustafa Kemal Paşa Hazretleri'nin ve süferanın (sefirlerin) mühim nutuklarına yer verdi."

Bu arada itimat mektubunu takdim töreninde Azerbaycan Mümessili İbrahim Abilof Bey şöyle der: "Azeriler Türk halkının şadlığını kendi şadlığı, matemini kendi matemi bilerek son katre kanları kalıncaya kadar Türkiye'nin halas olması için aziz evlatlarını kurban etmekten vazgeçemezler."

Meclis oturumlarını davetli sıfatıyla izleyen ilk kadın gazeteci olan Berthe Georges-Gaulis, 1 Aralık 1921 tarihli oturumda Meclis locasından Mustafa Kemal'i izlerken not alıyordu:

"Çabuk adımlarla, herhangi bir yere basit bir mebus gibi gitti oturdu, dinledi, notlar aldı. Sonra, kurşunkaleminin tersiyle önündeki sıraya üç kez vurdu. Bu, söz istediğinin işareti idi. Başkanlık eden zat, kalem darbelerinin farkında olmamıştı. Paşa, kalem darbelerini aynı jestle tekrarladı, bu

sefer bir işaret ona cevap teşkil etmişti, o da ayağa kalktı, toplantı salonunu kendine has yürüyüşü ile geçti, hatiplere ayrılmış yerin merdivenlerini çıktı. Kürsüye gelince önüne birkaç tabaka küçük kâğıt koydu ve başladı. Bu kâğıtlara çok az bakacak, hep irticalen konuşacaktı.

Çok kısa bir ara verme ile tam beş saat, bu topluluğa hitap edecekti. Düşüncelerine tam hâkimiyetle konuşuyordu. Sözlerindeki şiddet tesadüfi değil, iradi idi. Zarif kalpağı altında, profili bir madalya gibi hareketsizleşiyordu. Sivil kıyafette idi, her zamanki gibi çok güzel giyinmişti. Öteki mebuslarınki ile onun elbisesi arasındaki farkı görebilmek, ondaki kusursuz elbise kesilişini fark edebilmek için, alışmış gözlerin bakması yeterdi..."

Vakit gazetesi **"Anadolu Mektupları"** köşesinde bu kez **"Sonbahar At Koşuları"** başlığı altında bir haber yayımladı. *"Bu sene koşular Himaye-i Etfal Cemiyeti menfaatine yapılmış ve büyük bir rağbete mazhar olmuştur"* spotlu haberde şöyle deniliyordu:

"Saat birde koşuya mübaşeret edildi (başlandı). Gazi Mustafa Kemal Paşa Hazretleri, Müdafaa-i Milliye Vekili Refet, Heyet-i Vekile Reisi Fevzi Paşalar, Heyet-i Vekile erkânı, mebusan, rical-i memurin, süfera kâmilen yarış mahallindeydi. At koşularında Mustafa Kemal Paşa ilk defa müşir (mareşal) üniformasıyla halk arasına karışmış ve yarışlarda hazır bulunan birçok zevat ile görüşmüşlerdir. Ahali hazır bulunan başkumandanı hürmetle selamlamıştır."

Bu haberin üzerinde ise **"Yunan Ordusu Taarruza Başlamış"** haberi yer alıyordu...

2 Aralık 1921 günkü *Akşam* gazetesi ise Gazi'nin Meclis konuşmasını tercih etmişti:

> "*Biz büyük hayaller peşinden koşan sahtekârlardan değiliz. Mümkün olduğuna kani olduğumuz şeyleri biliyor ve onları istiyoruz. Biz hayat için mücadele ediyoruz! Hükümetimizin tek bir hedefi vardır. O da istiklalimizi emin bulundurmaktan ibarettir. Biz emperyalizme karşı, kapitalizme karşı mücadele eden bir milletin halk hükümetiyiz. Hükümetimizin metin bir siyaseti vardır. Bu siyasette biz ne demokratlara ne de sosyalistlere benzeriz. Tarz-ı idaremiz ne demokrat teşkilatının aynıdır ne de sosyalistlerinkine muadildir. Biz kendi kendimize benzemekle müftehiriz...*"[26]

---

26. *Vakit* gazetesi, 1 Aralık 1921

Gazi'nin Misak-ı Milli Görüşleri

Gazi Paşa, *Vakit* gazetesi yazarı Ahmet Emin (Yalman) Bey'e bir röportaj verdi. O röportaj 10 Ocak 1922 günkü sayıda yayımlandı. İlk kez özel hayatına dair bilgiler verecekti. Ahmet Emin Bey'e randevuyu Meclis İkinci Başkanı Dr. Adnan (Adıvar) Bey aldı. Ahmet Emin, soğuk ama güneşli bir kış sabahı Adnan Bey ile Çankaya'daki evin kapısını çaldı. Paşa içeri girdi, masanın başına oturdu. Ahmet Emin Bey heyecanla çocukluk günlerinden başlayarak Paşa'nın yaşamına dair sorularını sıralamaya başladı. Röportaj üç saate yakın sürdü.

Vakit gazetesi, röportajı tam iki sayfa olarak verdi. **"Mustafa Kemal Paşa Hazretleri çocukluk günlerinden son devreye kadar hayatının safahatını ve istikbal hakkındaki kanaatlerini anlatıyor"** spotuyla yayımladı.

Milli Mücedele'nin lideri o röportajda hayatının Misak-ı Milli ilgili görüşlerini de aktardı:

"Misak-ı Milli sulh akdetmek için en mâkul ve asgari (en az) şeraitimizi (şartlarımızı) ihtiva eder bir programdır. Sulhe vâsıl olmak için temerküz ettireceğimiz (toplayacağımız) esasatı ihtiva eder. Fakat memleket ve milleti kurtarmak için sulh yapmak kâfi değildir. Milletin halâs-ı hakikisi (gerçek kurtuluşu) için yapılacak mesai ondan sonra başlayacaktır. Sulhtan sonraki mesaide muvaffak olabilmek milletin istiklalinin mahfuziyetine (korunmasına) vâbestedir (bağlıdır).

Misak-ı Milli'nin hedefi onu temindir. Memleket ve milletin âtisinden (geleceğinden) asıl emin olabilmesi, bir defa halkçılık esasına istinat eden teşkilatı idariyesinin bihakkın teşmiş ve taazzuv ettirilmesi ve tatbik olunmasıyla beraber ahval-i iktisadiyemizin (ekonomik durumumuzun) refah-ı millimizi (milli refahımızı) temin edecek tarzda ıslah ve ihyasına (canlandırılmasına) vâbestedir (bağlıdır). Bu hakayıkı (gerçeği), akide-i milliye tanıyarak muhafaza edebilecek bir heyet-i içtimaiye olabilmemiz için de maarifimizi tamamen ameli ve ihtiyacat-ı hakikiyemize (gerçek gereksinmemize) muvafık bir program dairesinde ihya etmek lazımdır. Bu noktalarda muvaffakiyet sayesinde memleket imar edilebilecek ve millet zenginleştirilebilecektir.

Ufak bir program kadrosu söylemek lazım gelirse: Teşkilat baştan nihayete kadar halk teşkilatı olacaktır. İdare-i Umumiye'yi halkın eline vereceğiz. Bu Heyet-i İçtimaiye'de sahib-i hak olmak, herkesin sahib-i sa'y (çalışma sahibi) olması esasına istinat edecektir (duyunacaktır). Millet, sahib-i hak (hak sahibi) olmak için çalışacaktır. Islah olunacak şeyler, iktisadiyat ve maariftir. Bu sayede memleket imar edilecek, millet refah sahibi olacaktır. Hiçbir millet ve memlekete karşı fikr-i tecavüz (tecavüz fikri) beslemeyiz. Fakat muhafaza-i mevcudiyet ve istiklal için, bir de milletimizin bu dediğimiz sahada müsterihane ve kemal-i itminan (tam bir güvenle) çalışarak müreffeh ve mesut olmasını temin için her vakit memleket ve milletimizi müdafaaya kadir bir orduya malikiyet de nuhbe-i âmâlimizdir (emellerimizin en kutsalıdır).

Teşkilatı idaremizde bütün bu esasların mahfuziyeti tabiidir. Buna nazaran hükümet doğrudan doğruya BMM'nin kendisidir. Böyle umur-u idareyi (idari işleri) memlekette sahib-i icraat olan bir heyetin, muhtelif fikir ve içtihatlar etrafında toplanmış partilerden ziyade müşterek nukat-ı esasiyeye (esas noktalara) riayetkâr mümteziç (kaynaşmış) ve müstenit bir heyet olması şayanı arzudur. Ancak içtimai esaslarımızın menbaı (kaynağı) olan millette henüz hayat ve saadet-i hakikiyelerini kâfil (sağlayan) efkârı umumiye şâmil bir surette gayri mütebariz (belirsiz) olduğundan, bundan istifade ederek kendi fikir ve içtihatlarının isabetli iddiasında bulunacak bazı insanların yine bazı kimseleri kendi nokta-i nazarlarına raptetmesi (bağlaması) ve binnetice parti haline teşekküller vücude gelmesi baidül ihtimal (uzak ihtimal) değildir.

Buna mukabil bazı hususi içtihatların mevcudiyeti belki de müsademe-i efkâr (fikir çarpışması) için faydalı olabilir. Fakat eskisi gibi millet ve memleketten memba ve nokta-i istinat (kaynak ve dayanak noktası) almayan ve onun menafi-i hakikiyesiyle hiç münasebeti olmayacak surette ya sırf nazari veya hissi ve şahsi programlar etrafında parti teşkiline kalkışacak insanların millet tarafından hüsnü telâkkiye mazhar olacağını zannetmiyorum.

Benim bütün tertibat ve icraatta düstur-u hareket ittihaz ettiğim bir şey vardır. O da vücuda getirilen teşkilat ve tesisatın şahısla değil, hakikatle kaabili idâme (sürekli) olduğudur. Binaenaleyh herhangi bir program, filanın programı olarak değil, fakat ihtiyac-ı millet ve memlekete cevap verecek efkârı (düşünceleri) ve tedabiri (tedbirleri) ihtiva etmesi itibariyle haiz-i kıymet ve itibar olabilir.

Şahsi emeller istinatgâh bulamaz Misak-ı Milli dairesinde temin-i mevcudiyet ettikten sonra gürültü çıkarıp fesatçılık edecek ve tevsii arazi fikrinde bulunacak adamlar ortaya çıkamaz. Bence buna imkân yoktur."[27]

---

27. *Vakit* gazetesi, 10 Ocak 1922

"...Nadir Hata Eder, Hiçbir Şeyi Tesadüfe Terk Etmez..."

Berthe Gaulis, Anadolu'dan ayrılırken, *Le Figaro* gazetesine gönderdiği yazısında, Mustafa Kemal hakkındaki izlenimlerini aktardı ve o bilgilerden bazı bölümleri kendi gazetesinden önce Türk gazetelerinde okudu:

> *"...İstidâd-ı fevkalâdeye malik olan bilcümle kimseler gibi bu genç reise, her hususta bir his-i kablelvuku yardım etmektedir. Başkalarının tereddüt gösterdiği yerde o, lazım gelen söz ve hareketi derhal bulur. Kendisinin garb ve şark milletleri hakkındaki hükümleri şayan-ı hayret bir surette doğrudur. Müşahede ve mülahazaya müstenid bu hissikablelvuku ile beraber onda öyle bir sermaye-i ilmiyye vardır ki hiçbir meseleyi, her tarafından bakmadıkça halletmek istemez. Müşarünileyh hakikatperesttir. Ve onun en büyük muvaffakiyeti her şeyi mesai-i muntazama ile tedvir eylemesidir... Çankaya'daki mükâlememiz esnasında onu daha iyi anladım. Lâkin metin muhakeme sahibi kimseler aynı zamanda en kati muhasımlardır."*[28]

Gaulis, Adana'dan Beyrut üzerinden ülkesine döndükten sonra, Mustafa Kemal Paşa'ya da söz verdiği gibi, Türk davası lehinde çalışmalarını sürdürdü. 24 Şubat 1922'de *Echos de l'Islam*

---

28. *İkdam*, 3 Şubat 1922

(Sada-yı İslam) dergisi, Berthe Gaulis tarafından yazılan bir Ankara eki yayımladı. Gaulis, Anadolu'daki milli hareketi öven, Yunan barbarlığından bahseden o yazısında, milli hareketin Türk milletinin kalbinden doğduğunu izah etmekte ve Mustafa Kemal Paşa'nın milli iradeyi temsil ettiğini anlatıyordu:

"Mustafa Kemal asla tefahur eylemez, kendisi Türk milletinin ruhu olmuştur. O her zaman diyor ki, ben evvela memleketimin ve ahalinin kalbini zabt ve teshire mecbur ederim. Bu zabt ve teshir vukua gelmiştir. Memleket ve milletini teshir eden bu zat, toprağının tahlisine ve teşkilat-ı içtimaiyyeye doğru yürümektedir. Bu askeri ve mülki reisi, bütün vatandaşları arasında yegâne mesuldür. O, eserinin esiridir, âşığıdır... Mustafa Kemal Paşa, pek nadir hata eder, hiçbir şeyi tesadüfe terk etmez ve geçen dakikaları mevkii istifadeye koymasını bildiği kadar intizarı da bilir. Kendisi hakkında ehibbası diyorlar ki o, vaktinin kıymetini fevkalâde takdir ediyor ve paranın kıymetini biliyor. Onun menfaatten tecerrüdü mutlaktır. Bazen haşindir. Şahsı hakkında verilecek hükümden ziyade, yaptığı şeye ehemmiyet verir. Hem azim ve irade sahibi, hem hissidir..." [29]

---

29. *Vakit*, 3 Mart 1922

Mustafa Kemal Paşa-Claude Farrère Görüşmesi

Asıl adı Charles Frederick Bargone'dı. Türk dostu Fransız bir yazardı. Claude Farrère adını tercih ediyordu. Milli Mücadele'yi benimseyenlerden biriydi. İstanbul'da on beş gün kalmış, izlenimlerde bulunmuş, bu kez 18 Haziran 1922 günü Paşa ile İzmit'te buluşmuşlardı. Yazar onuruna verilen yemekte Paşa ile sohbet imkânı da buldu:

Paşa: *Zavallı milletimiz esir olmağa razı olmadığı için en büyük cezaya mahkûm bulunuyor. İdam, hayır, efendiler, hayır, Türkiye Büyük Millet Meclisi deruhte etmiş olduğu tarihi vazifesini muzafferiyetle ikmal edecektir. Biz hayat ve istiklam için mücadele eden ve bu manzara karşısında bütün medeniyetin bi-hiss, seyirci kaldığını görmekle dil-hun (kalbi yaralı) insanlarız, bizi mazur görünüz!"*

Klodfarer: Bu milleti hürriyet için ve hürriyetini muhafaza için ölmeğe ve bu azim ile yaşamağa karar vermiş olan millet olarak gördüm. Bu halk, bu millet yekvücut, sağlam, sebatkâr ve kavi bir hükümet-i milliyeye malik ve kavi bir kumandan tarafından idare ediliyordu. Bütün bu ahval bu milletin zafere varacağına hiç şüphe bırakmıyor.

Paşa bir ara gitme vaktine yaklaşıldığında yazara iltifat ederken fikrini de ortaya koydu:

"Dostumuzun İstanbul'da geçirdiği beş on gün zarfında, elde ettiği izlenimleri bilmem, fakat İstanbul'da henüz düşmanların süngüleri ve tehditleri altında yaşayan o zavallı, o kötü talihli vatandaşlarımızın kalplerindeki acılara elbette temas etmiştir. Bir Türk dostu için bu ilgilenmenin oluşturacağı izlenimlerin çok acı ve dertli olacağını kabul etmek gerekir. O çevrede yıllardan beri, bu zavallı milletin kaderini elinde tutmuş ve onun geleceğiyle oynamış ve sonra kendisini bırakıvermiş birtakım kötü talihlilerin bulunması da acı bir şeydir. Eğer dostumuz Claude Farrère gezilerine İstanbul'da son verselerdi, bu geziyi tamamlanmamış saymak mecburi olurdu. Türkiye'nin bugünkü gerçek manzarasını görmek için böyle esaret altında bulunan değil, hürriyet ve bağımsızlığını korumakla mutlu olan bir çevreye gelmek gerekiyordu."

Fransız yazar ülkesine dönmek için hareket ederken, Paşa ertesi gün Adapazarı'nda *Tevhid-i Efkâr* gazetesinin başyazarına bir röportaj verdi. Bu söyleşiden bazı kesitler şöyleydi:

"Zaman, doğru yolda yürüyenlerle beraberdir. (...) İstiklalin hiçbir noktasına hiçbir şekil ve surette müdahale ettirmemek Türkiye Büyük Millet Meclisi'nin en esaslı prensibidir."

Yazar: "Klodfarer dostumuzla olan mülakat ne gibi intibalar bırakmıştır?

Paşa: *Mösyö Klodfarer'i pek hassas ve pek âli ruhuyla beşerden pek az kimseye nasip olan evsaf-ı mahsusasıyla nezahetin temsil-i müşahhası buldum. Kendisiyle mülakat bende hiçbir vakit unutamayacağım manevi hazlar, kıymetli hatıralar bırakmıştır. Türkiye böyle vefakâr bir dosta malikiyetle müftedir olabilir.*

Yazar: Amerikalılar ve Amerikan müesseselerine karşı Büyük Millet Meclisi Hükümeti şimdiye kadar nasıl hareket etmiştir?

Paşa: *Türkiye Büyük Millet Meclisi Hükümeti'nin Amerika hakkındaki nokta-i nazır müspettir. (...) Memleketimizdeki Amerikan müessesesatı, Amerika heyetleri, birçok Amerikalılar tamamen dost memlekette olduğu gibi muhafaza edilmekte ve hürmet görmektedirler. (...)*

Yazar: İstanbul halkına bir beyanatınız olacak mıdır?

Paşa: *Münhasıran İstanbul halkının .... (burası sansürlenmiş) Milli Mücadele'ye karşı gösterdiği fevkalade alakadarlık ve hissiyatı her vesileyle izhar hususunda ibraz eylediği fedakârlık bence her her türlü medh (övgü) ve sitayişin fevkindedir. Bu babdaki hissiyatımı tamamıyla ifade etmiş olmak için en şamil ve kıymetli kelimeleri kullanabilirsiniz.*[30]

---

30. *Tevhid-i Efkâr*, 21 Haziran 1922

Mustafa Kemal Paşa-General Townshend Görüşmesi

Gazi *Akşam* gazetesine 25 Haziran 1922 günü röportaj verdi. Gazetenin birinci sayfasında yer alan söyleşide öne çıkanlar şöyleydi:

Gazi, *"Türkiye kapıları ancak dost olan ve dost olacak milletlere açıktır. Rusya ve bütün Şark ile pek samimi münasebetimiz berdevamdır. İran hükümeti ile daha ciddi münasebat-ı dostaneyi giriştik. (...) Balkan hükümetinden bazılarıyla, ezcümle Yugoslavya ile Türkiye Büyük Millet Meclisi Hükümeti arasında revabıt-ı hasene husul bulacağı (güzel bağlar oluşacağını) kuvvetle tahmin ediyorum"* diyordu.

Fotoğraf altı yazısında ise, *"Başkumandanımız vagon penceresinde nutuk söylerken..."* deniliyordu.

I. Dünya Savaşı sırasında Bağdat'a doğru düzenlenen ve felaketle sonuçlanacak ilk Britanya Harekâtı'nı gerçekleştiren Britanya Hint Ordusu'nda görev yapan bir subaydı.

Savaş sonrası, 1920 yılında, Townshend ordudan emekliye ayrıldı ve *Mezopotamya Seferim* isimli bir kitap yazdı. Ara seçimlerde Shropshire'den bağımsız muhafazakâr milletvekili olarak aday oldu ve 1920-1922 tarihleri arasında Parlamento'da The Wrekin seçim bölgesinin milletvekili olarak yer almıştı.

Tarih 12 Haziran 1922 idi.

Türk Kurtuluş Orduları Başkumandanı Mustafa Kemal Paşa'nın bir konuğu vardı. İngiliz General Sir Charles Townshend...

İstihbaratta çalışan deniz subaylarından Cemil Bey, generale refakat subayı olarak verilmişti. Adana sıcak günlerinden birini yaşarken, General Townshend, zorunlu olarak geceyi bu kentte geçirecekti ve Bursa Oteli'ne yerleştirildi. Ertesi gün özel trenle Konya'ya geçen general, akşam vakti Mustafa Kemal'in karargâhının bulunduğu Akşehir'e ulaştı. Anadolu'daki İngiliz kuvvetlerinin yüksek rütbeli subayı, işgalci yedi düvelle birlikte ülkeyi onlara peşkeş çekmeye hazır Osmanlı Hükümeti'ne başkaldıran ünlü bir eski askerle karşılaşacağı için heyecanlıydı.

Akşehir'e geldiğinin ikinci akşamı, Mustafa Kemal'le karşı karşıya geldi. Çakmak gibi yanan bir çift mavi göz, İngiliz generalin üniformasını adeta delip geçti.

Anadolu güneşinin yakıp bakır rengine döndürdüğü Gazi Mustafa Kemal sırım gibi bir vücut, yaylanmış bacaklar üzerinde misafirine "Hoş geldiniz" diyerek elini uzattı.

General, Gazi'nin gözlerine bakarak şöyle dedi:

- Siz Napolyon'a benziyorsunuz...

Türk Başkomutan'ın cevabı, kınından çekilmiş kılıç kadar etkileyici oldu:

"Napolyon, arkasına değişik milletlerden bir sürü insanı toplayarak bir maceraya çıkmıştı. Bundan dolayı yarı yolda kaldı. Ben ise, bir anadan, bir babadan gelen kardeşimle, kederli vatanımı kurtarma davası peşinde koşuyorum ve mutlaka başarılı olacağım."

O gece uzun olur...

Sohbet sabaha kadar sürdü. General Townshend, binadan ayrılırken düşüncelere daldı:

"Ben şimdiye kadar 15 hükümdar ve cumhurbaşkanı ile özel ve resmi konuşmalar yaptım. Bu geceki kadar ezildiğimi hatırlamıyorum. Gazi Mustafa Kemal Paşa'nın inanılmaz bir ruh gücü var..."

Ertesi gün Mustafa Kemal Paşa Konya'da yabancı devlet temsilcilerine ve İngiliz general şerefine, Türk demiryolculuğunun babası, gençlik ve kader arkadaşı Behiç Bey'in evinde bir yemek verdi.

Başkomutan yemekte, bir gün önceki halinden tamamen arınmış durumda ve başta İngiliz general olmak üzere tüm konuklara iltifatlarda bulundu.

İngiliz bu kez, Mustafa Kemal'in konukseverliği karşısında ezilmekteydi. Gazi bir ara, Townshend'a dönerek:

"Biz Türklerde âdettir. Misafirlerimize mutlaka bir hediye veririz. Benim hediyem bir emanet olacaktır" dedi, kolundaki saati çıkarıp uzattı. General şaşkınlık içinde elini uzatırken, Başkomutan hediyesine açıklık getirdi:

"Bu saati bana Anafartalar'da bir Türk askeri verdi. Ölen bir İngiliz subayının üstünden almış. Saatin arkasında, o subayın künyesi vardı. Bu subayın o zamanlar ailesini aratmıştım ama bulduramadım. Şimdi de savaştayız. Sizden ricam, İngiltere'ye dönüşünüzde, o subayın ailesini bulur, bu emaneti verirseniz, çok memnun olurum."[31]

Babalık gazetesi Konya'da yayımlanıyordu. 25 ve 26 Temmuz 1922 tarihli nüshalarında Gazi'nin Konya'ya General Townshend ile görüşmek için gelişini detaylı olarak verdi. Daha sonra da Townshend yapılan o röportajı yayımladı. Townshen şunları anlattı:

"Şu kadarını söyleyeyim ki; sulh olacaktır, bunun için hiçbir mâni tasavvur edemiyorum."

Babalık: Demek o kadar kanisiniz general?
Townshend: Evet, evet, bu muhakkak. Sulh olmalıdır ve olacaktır... Yalnız sulhun takarruründen sonra, siz gazetecilere bir

---

31. *Atatürk ve Unutulmaz Anıları*, Ahmet Gürel, Bülent Türker, Nisan 2009

vazife terettüp edecek: Mütemadi *(sürekli)* neşriyatta bulunarak halkı sulh içinde müfit bir surette çalışmağa teşvik ediniz. (...)

Babalık: Dün gece Mustafa Kemal Paşa Hazretleri'yle geç vakte kadar görüştünüz. Bu mülakat sizde nasıl bir tesir ve intiba bıraktı?

Townshend: Çok memnun kaldım, hakikaten bahtiyarım. Kemal Paşa, cidden büyük bir nüfuz-ı nazara malik. Paşa, müstesna insanlardandır. Harikulade insanlardan... Öyle olmasaydı hiç şu eser, şu şaheser meydana gelir miydi? Düşününüz ki Kemal Paşa, yalnız başına meydana çıktığı zaman bütün dünya aleyhinizdeydi. Hatta bazı kendi vatandaşları bile bidayette onun fikirlerine, onun kararlarına muarız *(karşı)* bulunuyorlardı. Öyle iken o hiç meyus olmadı. Hiçbir tehlikeden yılmadı, milli müdafaayı bu parlak dereceye i'sal etti. Bu işleri gören adam nasıl harikulade olmaz? Mustafa Kemal Paşa'nın dehası zerre kadar şüphe götürmez. O büyük bir kumandan, büyük bir teşkilatçı; büyük bir vatanperverdir.

Röportaj, 11 Ağustos 1922 günü *Akşam* gazetesi tarafından da, **"Konya Merasim ve Mülakatı Hakkında Tafsilat"** ve **"Townshend'in Mustafa Kemal Paşa Hakkında İntibaatı"** başlıkları altında verildi.

Askeri uzmanlar Townshend'i Tizpon'da Osmanlı kuvvetlerini yenemediği, Kut Kuşatması sırasında pasif kaldığı ve acele bir yardım seferi düzenlenmesine neden olan yanlış raporlar gönderdiği için sert bir şekilde eleştirdi. 1924 yılında gözden düşmüş biri olarak öldü. 1924 yılında vasiyeti yayımlandığında, Townshend'in tüm malvarlığının değerinin sadece 119 pound olduğu ortaya çıktı.

"Görüyorsunuz ki İzmir'de Hiçbir Katliam Vaki Olmadı..."

Türk ordusu 9 Eylül 1922 günü İzmir'e girdi, düşman işgalinden kurtarıldı. Büyük Taarruz sonrası Türk ordusunun zaferi tüm dünyada yankılanmıştı. Fransız *L'illustration* dergisi, Fransa ile Ankara Hükümeti'nin arasında Ankara Antlaşması'nın imza edilmesinin ardından Milli Mücadele ve onun lideri Gazi Paşa ile ilgili lehte haberler vermeye başladı. Bunlardan biri de Başkumandanlık Meydan Muharebesi'nden sonra, Türk ordusunun İzmir'i kurtarmasından sonraki haberiydi. Dergi Çankaya'da çekilen Gazi ile İsmet Paşa'yı samimi bir diyalog içinde gösteren fotoğrafı yayımladı. Fotoğrafın altında şöyle yazıyordu:

"Muzaffer komutan: Mustafa Kemal Paşa ve Kemalist kuvvetlerin komutanı General İsmet Paşa / Çankaya'da çekilmiş bir fotoğraf – Berthe George Gaulis."

Yeni Gün gazetesi **"Başkumandan'ın, büyük ordusunun başında ve İzmir'de olduğu"** haberini sayfasına taşıdı, Anadolu Ajansı'nın haberini geçen gazete, *"Mustafa Kemal Paşa büyük ordusunun başında İzmir'e girmiştir. Mail gazetesi ekalliyetlerin milli ordudan korkmalarına mahal olmadığını ve Mustafa Kemal*

L'illustration dergisi / 16 Eylül 1922

Paşa'nın İzmir'e girer girmez bu ekalliyetlere ait menafiin (menfaatlerin hepsini) bizzat deruhte ederek bunların iaşelerini temin eylediğini yazıyor" diye haber verdi.

Gazi Başkumandan *Daily Mail* gazetesi muhabirine demeç vermişti. Gazete o demeci de haberde gördü. Gazi, "Sulhu kemal-i hulus ile arzu ediyoruz..." demişti. Gazete, Gazi'nin verdiği demeci yayımladı:

> *"Türkiye'nin talep ettiği hudutlar Suriye ve el-Cezireye'yi ihtiva etmemekte ise de Trakya'yı Meriç ve İstanbul'a kadar muhtevi olması labüddür (elzemdir). Müşaranileyh bu mütalaat, müzakerat ile istihsali tercih eylemektedir. Mustafa Kemal Paşa Çanakkale'den serbest-i mürur (son bulmak) meselesinde teminat i'tasını kabul eylemektedir..."*[32]

---
32. *Yeni Gün* gazetesi, 17 Eylül 1922

Chicago Tribune'ün İzmir'e özel olarak göndermiş olduğu muhabiri John Clayton, İzmir'e giren Başkumandan Mustafa Kemal Paşa ile röportaj yapma izni almıştı. Gazetesine şu notları gönderdi:

"Mustafa Kemal Paşa'nın yüz hatlarından yaşını tahmin etmek müşküldür. Otuz yaşında, kırk yaşında tahmin edilebilir. Kumral saçlı, mavi gözlü, orta boyludur. Hal ve tavrı nazik, şahsiyeti mültefik ve caziptir. Büyük askeri kumandanlar tipine benzemez. Zevkinde, itiyadatında sadelik vardır.

Bugün kendisini ziyarete gittiğim zaman kartımı yaverine verdim.

'Paşa Hazretleri birkaç dakika meşguldür. Şimdi sizi kabul edecektir' dedi. Yaver yanımdan ayrılarak gelişimi paşaya haber verdi. Dönüşünden sonra beş dakika kadar bekledim. Nihayet Milli Ordular Başkumandanı bizzat odaya girdi. Teklifsiz ve tekellüfsüz oturdu.

Kemal Paşa ordunun zaferlerinden, Türklerin ulusal isteklerinden garp devletleriyle yakında bir konferansta toplanmak isteğinde bulunduğundan söz açarak dedi ki:

'Muzafferiyetlerimiz bizim taleplerimizi değiştirmemiştir. Evvelce istediğimiz şeylerden ne daha ziyade ne daha az şey talep ediyoruz. Misak-ı Milli'mizde sebat ediyoruz.'"

"Müttefiklerle müzakereye hazır mısınız?"

"Onlarla bir arada toplanıp müzakere etmeye öteden beri âmade (hazır) bulunuyoruz. Misak-ı Milli'nin muhteviyatı bir sayfadan daha az yer tutuyor. Bütün Türk arazisinde hakiki istiklal istiyoruz. Bizim için artık kapitülasyonlar

mevcut değildir. İstanbul'u, Edirne'yi ve Trakya'nın ekseriyeti Türk olan kısmını istiyoruz."

"İstanbul'da iken beş sene için adli kapitülasyonların bırakılmasına razı olduğunuzu işitmiştim."

"Kapitülasyonların hiçbir kısmına istisnayı kabul etmiyoruz. Adli, mali veya askeri kapitülasyonların hiçbirini tanımıyoruz."

"Bahis, ordunun İzmir'e girişinden beri Türk askerinin ve sivillerinin harekâtına intikal etti."

"Görüyorsunuz ki İzmir'de hiçbir katliam vâki olmadı. Münferit yağma ve katil vukuatını menetmek gayri kabildir. Bir ordu 450 kilometre yol yürüdükten sonra bir şehre girer, sonra geçtiği yerlerde kendi evlerinin yakıldığını, yağmaya uğradığını, akrabasının öldürüldüğünü gözleriyle görürse böyle bir askeri zapt etmek müşküldür. Mamafih intizamın ihlâl edilmediğini görüyorsunuz. Biz intikam ve mukabelei bilmisil fikrinde değiliz. Buraya eski hesapları araştırmaya gelmedik. Bizim için mazi gömülmüştür."[33]

---

33. *İkdam* gazetesi, 20 Eylül 1922

Falih Rıfkı'nın İzmir'in Kurtuluşundaki Röportajı

Dünyanın gözü kulağı Anadolu'daydı. Tarih yazılıyordu. Gazetecilerin her biri Başkumandan Mustafa Kemal Paşa ile görüşmek neler olup bittiğini öğrenmek, kendisiyle tanışmak istiyordu. Onlardan biri de *Daily Mail* muhabiri Pirec idi. Görüşmeyi başardı, haberini gazeteye geçti:

"Mustafa Kemal Paşa şarkta Türk muzafferiyetleriyle meydana gelen yeni durum hakkındaki mütalaasını bugün bana beyan etti. Sulh şartlarının da taarruz planları gibi tamamıyla hazır olduğunu söyledikten sonra dedi ki:

'Artık muharebeye devama sebep kalmamıştır. Ben sureti ciddiyete sulh arzu ederim. Son taarruzu yapmaya arzum yoktu. Fakat Yunanlıları Anadolu'dan tard için başka çare bulamadım. Avrupa'da Meriç hattı hududundan fazla bir mütalebemiz yoktur. Boğazların emniyet ve serbestisi için her türlü teminat iraesine (gösterilmesine) hazırız. Boğazları tahkim etmemeyi deruhte ederiz. Fakat Marmara sahilinde İstanbul'u nagihani (ani) bir tecavüzden vikaye (korumak) için tedafüi tahkimat icrasından menedilemeyeceğimiz tabiidir.'

Mustafa Kemal Paşa'nın Misak-ı Milli haricindeki sulh şartları Anadolu'daki tahribatın tazmininden ve Yunan filosunun Asya sahillerini tahrip edememesi için tesliminden ibarettir.

Sulh Konferansı'na iştirake müheyya (hazır) ise de konferans Türk arazisinde içtima etmeyecek olursa bizzat hazır bulunmayacaktır:

'Yunanlılar, Türkiye Millet Meclisi Hükümeti teşkilatını noksan addediyorlar. Halbuki bizim hükümetimiz Yunan hükümetinden daha sağlamdır. Vaziyet-i maliyemiz fena değildir. Anadolu'da mebzul (bol) zahirelerimiz vardır. Her türlü müşkülât-ı dahiliyeye rağmen ordumuzun teşkilat, teçhizat ve zaptü raptı mükemmeldir.

Muzafferiyette gösterdiğimiz itidâlperverlik (ölçülü hareket) Yunanlıların tahribatperverliğiyle tezad teşkil ediyor. İngiliz milletinin artık Türkiye ile ticaret ve dostluk münasebetine şuru edeceğine (başlayacağına) eminim ve ümit ederim ki İngiliz rical-i hükümeti vekayii müşahede ettikten sonra hakkımızdaki mesleklerini tâdil edeceklerdir (değiştireceklerdir)."[34]

Amerikan *The Bisbee Daily Review*, Gazi Paşa'nın fotoğrafını yayımladı. **"Kemal Paşa Cephede"** başlığını taşıyan fotoğrafın altında, *"Mustafa Kemal Paşa'nın birliklerine kumanda ederken ilk resmi. Birlikleri Yunanlıları tüm Anadolu sahil kesiminden tamamıyla püskürtürken, İstanbul'u tehdit ediyor"* yazıyordu.

Bir gün sonra *Akşam* yazarı Falih Rıfkı'ya son taarruza ilişkin İzmir'de Gazi Paşa'nın verdiği demeç dünya basınına damga vuracaktı.

---

34. *İkdam* gazetesi, 20 Eylül 1922

- İzmir denizi karşısında, millet ordularının başkomutanından zafer hikâyeleri dinliyoruz. Öncelikle kendilerinden saldırı kararının ne zaman verildiğine ilişkin bilgi verilmesini istedik.

- Sakarya Meydan Savaşı'nı sonuçlandıran saldırımız, ülkeyi düşman ordusundan temizleyinceye kadar hareketi sürdürme kararının başlangıcı idi. Bilindiği gibi Sakarya Savaşı'nın son günlerinde Yunan sol koluna ordumuz karşı saldırıda bulundu, işte Yunan ordusunu geri çekilmeye mecbur bırakan o karşı saldırıdır ki, ordumuz İzmir'e gelinceye kadar sürdü.

- Saldırı kararının uygulanmasında bir yıllık bir gecikme var. Harekâtın aralıksız niçin sürmediği açıklanır mı?

- Tersine aralıksız sürdü. Ancak, büyük bir saldırı kararının uygulanması birtakım hazırlıkları gerektirir. Bu hazırlıkların ihtiyaç duyduğu bir zaman vardır. Ancak, gecikme ve bekleme hiç olmadı denilemez, bunun nedenlerini de siyasal düşüncelerde aramak gerekir. Gerçekten, ordularımız çok önce bugünkü sonuca varmak gücünü kazanmıştı.

- Bu son askeri harekât ile gerçekleşen büyük başarılar, özellikle düşman ordusunun hızlı bir biçimde yok edilmesi, gerçekte bu ordunun maddi ve manevi gücü ile iç durumundaki karışıklıktan mı ileri geldi? Trakya'ya gönderilmiş güçlerin bıraktığı boşluk önemli mi idi?

- Bütün dünya bilir ki, Yunan ordusu .... (noktalı yerler İngiliz sansürü tarafından çıkarılmıştır) teknik ve askeri gereklere tümüyle uygun biçimde kurulmuş ve düzenlenmiş güçlü bir ordu idi ve Yunan devletinin şimdiye kadar sahip olduğu orduların tümünden güçlü idi. Manevi durumunda, bilindiği *gibi, bir karışıklık olduğuna ilişkin gerçek hiçbir belirti yoktur. Yunan askerlerinin, askerlerimizle karşılaştıkları zaman kendilerini gevşemiş gibi göstererek gerçekte bizi gevşetmeğe yönelik etkilemelerde bulunduklarına bakılırsa, tüm bu duyurmaların amacının ne olduğu anlaşılır. Bu biçimde bize Yunan ordusunun dağılmasını bekleyerek meselenin çözüleceği umudunu vermek istediler ve bu yararsız bekleme ile geçecek zamanın bizim ordumuzu dağılmaya uğratacağı kanısında bulundular. Son çarpışmalarda, özellikle Afyonkarahisar, Dumlupınar Büyük Meydan Savaşı günlerinde düşmanın, direniş, savaşım ve tüm girişimleri gerçek ve önemliydi. Düşman ordusundan Trakya'ya önemli bir güç geçirilmemiştir. Abartmayla söz edilen bu kuvvet, yeni kurulmuş ya da kuruluşları daha son bulmamış ve bir bölümü silâhsız iki üç alaydan oluşuyordu. Yunan ordusu tüm bölümleri ve tüm araçlarıyla Anadolu'nun içinde milletin kalbine saplanmış bir hançer durumundaydı.*

- Sayın Paşa, Yunan ordusu daha iyi yönetilseydi uğramış olduğu bu sondan kurtulamaz mı idi?

- Düşman ordusu komuta ve subaylar kurulunun Türkiye Büyük Millet Meclisi ordularının komuta ve subaylar kurulundan aşağı olduğuna kuşku yoktur. Ancak Yunan komutanları ve subayları ordularını kurtarmak için her yola büyük gayretlerle başvurdular.

- İstanbul'da, ordularımızın düşmana baskın yaparak saldırdığı söylendi, bu noktanın da açıklanmasının istenmesine izin verir misiniz?

- Ordularımızın strateji ve düzenleme harekâtı günlerce düşmanın gözü önünde ve uçaklarının incelemeleri altında oldu. Bu harekâtımızı baskın sanıyorlarsa söylediklerinin doğru olması

gerekir. Ancak, ben sanıyorum ki Yunan komutanlarıyla kurmayları, ordularımızın hazırlığından ve harekâtından bilgili idi. Ancak, ordularına ve özellikle Afyonkarahisar, Seyitgazi, Eskişehir ve tüm cephelerde bir yıldan beri çalışarak oluşturdukları ve her türlü araçlarla destekledikleri ve donattıkları savunma bölgelerine, çok fazla topçularına, sonsuz cephane kaynaklarına gereğinden fazla güveniyorlardı. Şu gerçekleri anlamamazlıktan geliyorlar ki, insanların savaşımında en güçlü korunak inanç dolu göğüslerdir.

- Saldırıdan iki gün önce Ankara'da gazetecilere tarafınızdan bir çay partisi verildiğini işitmiştik. Ayrıca İstanbul gazeteleri bu partiye ilişkin telgraflar yayımladılar. Buna göre, harekâtın başlangıcında sizin Ankara'da bulunduğunuzu sanıyorum.

- Gerçekten bu partiden söz edildiğini ben de duydum. Ancak bu parti değildi. Bazen insanlara varlık içinde olmadıkları çok partiler yöneltilir.

- Taarruz harekâtı nasıl başladı ve nasıl gelişti? Bu Büyük Türk Zaferi'nin hikâyesini, en yüksek etkeninin dilinden dinlemekte coşku veren bir şey var.

- Taarruz harekâtı Afyonkarahisar güney cephesinde düşmanın bir kısım savunma sınırını ezip çiğneyerek uygulanmış bir yarma harekâtı ile başladı. Bunun arkasından düşman ordusunun ana kuvvetlerinin bir araya gelerek hazır bulunduğu Afyonkarahisar-Dumlupınar-Altıntaş üçlüsü içindeki harekâtı birçok kanlı savaşımlarla dolu meydan savaşına dönüştü. Afyonkarahisar-Dumlupınar Meydan Savaşı olarak adlandırılan ve beş gün süren savaşlar sonucunda düşman ordusunun ana kuvvetleri artık kuvvet olmaktan çıkarılmıştı.

- **Başkomutan Savaşı adını alan savaş hangisi idi?**

- *Bu isim, büyük meydan savaşının son aşamasını oluşturan savaşa verilmiştir. Düşman ordusu meydan savaşı sırasında ikiye parçalanmıştı. Bunun büyük bir bölümü Dumlupınar'ın kuzeyinde Adatepe civarında bir dereye sıkıştırıldı ve orada yok edildi ya da tutsak edildi.*

- **Büyük meydan savaşı olurken Eskişehir-Kocaeli-Menderes taraflarında nasıl hareketler vardı?**

- *Ordularımız hemen aynı günde Marmara'dan Akdeniz kıyılarına kadar uzanan tüm cepheler üzerinde her cephenin gerektirdiği derecedeki kuvvetlerle taarruza geçtiler. Her saldırı grubumuz büyük meydan savaşındaki harekât ile denk olmak üzere görevini başarılarla yerine getirmekte idi. Düşman ordusunun ana kuvvetleri İzmir yolunda yok edildiği sırada Eskişehir ve öteki düşman grupları da askerlerimizin süngüleri önünde geri çekilmekte idiler.*

- **İzin verilirse resmi bildirilerimize ilişkin bir açıklamada bulunacağım: Bildirilerimizde başarılarımız tümüyle anlatılmıyordu. Üstelik biz kendi zaferlerimizin derecesini Yunan bildirilerinden öğreniyorduk.**

- *Haklısınız. Biz resmi bildirilerimizde sadece askeri harekâtın sürekliliği ve gelişimini göstermekle yetindik. Elde ettiğimiz başarıların önemi ve büyüklüğünü o kadar yakından anlamıştık ki, bunun duyurulmasını düşmanlarımıza bırakmakta kötülük görmüyorduk. Üstünlüklerimizin düşman ağzından anlatıldığını işitmek ayrıca bir hoş değil midir?*

- Akıncı denilen dağınık kuvvetlerimizin görevi ne oldu?

- Bu isim altında resmi bildirilerde gördüğünüz güçler, düşman gerilerinde çalışmakla görevlendirilmiş atlı birlikleriyle bir bölüm atlı sınıflarımızdır. Bu kuvvetler önemli işler gördüler, örnek olarak birçok kasaba ve köylerimizi yangın ve yıkımdan kurtarmışlardı.

Zaferin İstanbul'u ve tüm dünyayı şaşkınlığa düşüren, akıllara durgunluk veren yanlarından biri de sürati idi. Askerler İzmir'e girdiği zaman, Yunan ordusunun artakalanları henüz şehri terk etmemişti. Falih Rıfkı *(Atay)* o çabukluğun nasıl olabildiğini sordu:

- Ordumuzun hızlı ve sıkı kovuşturması sayesinde, doğrusu daha saldırıya başlamazdan önce, dört yüz kilometreyi geçen uzaklık üzerinde kesintisiz ve tüm ordularla, düşmana soluk aldırmayacak kadar hızlı bir kovalama yapmak bakımından köklü hazırlıklarda bulunmuş ve önlemler almıştık. Düşman kuvvetleri büyük meydan savaşında yenildikten sonra Dumlupınar mevzilerinde, Uşak'ın doğusunda Takmak, Alaşehir, Salihli civarında ve son kez olmak üzere İzmir'in yirmi beş otuz kilometre doğusundaki hazırlanmış türlü türlü mevzilerde savunmaya girişti. Bu girişimlerin her birinde düşman ordusunun artakalanları bir kez daha yenilip bozgun edilerek ordumuz İzmir'e girdi. Görülüyor ki 26-27 Ağustos günleri uygulanan yarma hareketi ile 28-29-30 Ağustos günlerinde gerçekleşen meydan savaşı aşamaları ve yukarıda saydığımız yerlerde düşmanı bozguna uğratan türlü saldırılara katıldığı hâlde ordularımız ana kuvvetleri ve tüm savaş araçları ile dört yüz kilometreyi on gün içinde aştılar. Diyebilirim ki, atlı tümenlerimizle yaya birliklerimiz düşmanı ezip İzmir'e yürümekle birbirleriyle yarışmışlardır. İzmir rıhtımında

atlı askerlerimizin kılıçları denizde resimleşirken, yaya askerlerimiz Kadifekale'de Türk bayrağını gökyüzüne yükselttiler. Türkiye Büyük Millet Meclisi ordularının savaş tarihine verdiği son harekât örneğinin değeri, bu harekât tüm aşamalarıyla incelendikten sonra ve belki bugün değil, yarın anlaşılabilecektir. Büyük orduların yürüyüş birimi yanlış hatırlamıyorsak, günde 20, 25 kilometredir. Bundan dolayı, askerlerimize İzmir'e kavuşmak için her gün bu uzaklığı aştıran güç kaynağının ne yüce bir yurt aşkı olduğunu anlamak zor değildir.

- Harekâtta hedef tutulan amaç öncelikle yalnız İzmir'e girmek mi idi? Bursa'ya harekât nasıl çevrildi?

- Askeri düzenlememiz ve ayrılan kuvvetlerimiz her iki amaca güç ve güvenle ulaşmasını sağlayacak derecede idi. Gerçekten düşüncelerimizde doğruluğun bulunduğu İzmir'in sabah, Bursa'nın akşam olmak üzere her ikisinin aynı günde geri alınmış olmasından ileri gelir. Ordularımızın ilk hedefi Akdeniz'dir, ordularımız Misak-ı Milli hükümlerini tamamıyla gerçekleştirdiği zaman, ikinci ve üçüncü hedeflerine ulaşmış olacaklardır. Milletimiz zafer sevinciyle gerçek ve hayatının devamı için gerekli çıkarlarını unutacak kadar memnun olmamıştır.

Görüşme son bulduğu an, hava kararmak üzereydi. Yakup Kadri (Karaosmanoğlu) ile birlikte birlikte kalacakları ev döndüler...[35]

---

35. *Akşam* gazetesi, 21 Eylül 1922

"...Hiçbir Vakit Fuzuli Yere Kan Dökmek İstemedik ve İstemeyiz..."

"Buraya geldiğim günden beri hep karargâh muhitinde ve kumandanlarla zabitan arasında bulunuyorum. Bunun içindir ki bana, Mustafa Kemal Paşa Hazretleri'ni sık sık görmek nasib oluyor. Başkumandan İzmir şehrine girdikten sonra siyasi şahsiyeti askeri şahsiyeti kadar tebarüz etmeye başladı. Sulh için ne düşünüyor, ne söyleyecek, kendisine kadar vâki olacak teklifleri nasıl telâkki edecek, bu, dünyanın merak-âver (merak veren) hattâ müheyyiç (heyecan veren) muammalarından biridir. Başını ihata eden (çevreliyen) şa'şah zafer hâlesiyle (tacı ile) hâdisatın, âlemin ön safında duruyor, fakat herkese yine her vakitten ziyade uzak görünüyor ve o zafer hâlesinin nuru çehresine, bir türlü, siyaset meraklılarının aradığı aydınlığı veremiyor..."

Türk ordusunun İzmir'i işgalden kurtardığının üzerinden iki hafta geçmişti. Yakup Kadri (Karaosmanoğlu) Bey'in gazetesinde yazacağı yorum, böyle olacaktı. İzmir'in alınışından çok kısa bir süre sonra Paşa ile röportaj fırsatı yakalayanlardan biriydi. Kendisiyle yapacağı röportajın ilk sorusu, "Paşam, bundan sonra ne yapacaksınız?" oldu.

- Paşa Hazretleri, Dumlupınar Meydan Muharebesi kazanıldıktan sonra ordulara ilk hedefin Akdeniz olduğunu söylemiştiniz. *"İlk hedef"* tabirini kullanmakla takibi lâzım gelen ikinci ve üçüncü hedefler mevcud olduğunu zımmen *(kapalı bir şekilde)* ihsas ettiğinde anlaşılıyor. Lütfen bu hususta biraz malûmat verir misiniz?

Tereddütsüz yanıt verdi:

- *Türkiye Büyük Millet Meclisi ordularının vazifesi Misak-ı Milli ahkâmını (hükümlerini) temin etmektir. Türkiye halkı, milli hudutları içinde bütün medeni insanlar gibi tam mana ve şümuliyle hür ve müstakil yaşayacaktır. Fakat bilirsiniz ki hareket-i askeriye, faaliyet-i siyasetinin ümitsiz olduğu noktada başlar. Ümidin emniyetbahş bir surette avdeti orduların hareketinden daha seri hedeflere muvasalatı (varışı) temin edebilir.*

Başkumandan'ın şu son cümlesi Yakup Kadri Bey'e bir sonraki soruyu sormasının cesaretini verdi:

- *Efendim herhalde bu hedeflere ordu ile veya diplomasi ile vâsıl olmak hususlarındaki noktai nazarınızı (görüş tarzınızı) bilmek pek faydalı olur zannındayım.*

Yanıtı yine tereddütsüz oldu:

- *Hiçbir vakit fuzuli yere kan dökmek istemedik ve istemeyiz. Milletimizin ve Türkiye Büyük Millet Meclisi'nin hakiki zihniyeti böyledir. Şimdiye kadar dökülen kanların mes'ulleri cihan-ı medeniyetçe (medeniyet dünyasınca) tanınmış ise facianın devamına mahal (yer) yoktur.*

- Yunan ordusunu, senelerce kendi topraklarını bile müdafaadan âciz bırakacak bir surette müzmahil *(dağıtıp)* ve perişan ettiniz! Böyle büyük ve kahhar *(yok edici)* bir zaferden sonra sulhun tesisinde müzakerat-ı siyasiyeyi çetinleştirecek bazı yeni şartlar mevzubahis olacak mıdır?

Yanıtını yüzündeki tebessümle buluşturup verdi:

- Bu suali sormakla faydalı bir iş yaptığınızı zannederim. Yalnız sizin değil, bütün dünyanın bize böyle bir sual tevcih etmeye hakkı var ve yine alacağınız cevapla bütün dünyayı tatmine delâlet etmiş olacaksınız. Evvelâ herkesin kat'iyetle bilmesi lâzımdır ki, Türkiye halkının mukadderatına bizzat vaz'ülyed olması (sahip olması) suretiyle teessüs etmiş bulunan Türkiye Büyük Millet Meclisi Hükümeti ve yine herkesin sarih (açık) olarak bilmesi lâzımdır ki bugünkü Türkiye halkı asırlarca kendi iradesini başkasının elinde görmeye tahammül eden halk değildir ve asıl bilinmesi lâzım gelen cihet bugünkü Türkiye halkının ve hükümetinin tûl-ü (aşırı emel) peşinde koşup kendi evni unutan ve harap bırakan sergüzeştçi insanlardan olmadığıdır. Binaenaleyh kemal-ı kat'iyetle (tam bir kesinlikle) beyan edebilirim ki hükümetimiz neşve-i zaferle (zafer sevinciyle) menafi-i hakikiye (gerçek çıkarını) ve hayatiyesini unutacak kadar lanmur olmamıştır. Biz yalnız hukuk-u sarihamızı (açık hukukumuzu) emniyetle istihsal etmekten ibaret olan esasları takip ederiz. Türkiye Büyük Millet Meclisi teessüs ederken hangi hususları hayati ve lâzımültemin (temini lüzumlu) görmüş ise bugün dahi yine aynı şeyleri mevzuu bahseder.[36]

---

36. *İkdam* gazetesi, 22 Eylül 1922

"Amerika, Avrupa ve Bütün Medeniyet Cihanı Bilmelidir ki..."

Yakup Kadri Bey'in çalıştığı *İkdam* gazetesinde röportajının yayımlandığı 22 Eylül 1922 günü Gazi Paşa'nın *United Press* muhabirine telgrafla verdiği röportaj da dünya kamuoyuna duyurulacaktı...

Bursa, 22 Eylül 1922
- *(Hususi muhabirimizden)* Sekiz yüz Amerikan gazetesi namına hareket eden *United Press* muhabiri Doktor Edward King İstanbul'dan Başkumandan Paşa Hazretleri'yle telgrafla bir mülâkat yapmıştır. Mustafa Kemal Paşa Hazretleri Amerikan muhabirinin suallerine pek mühim cevaplar vermişlerdir. Muhabirin suallerini ve Paşa Hazretleri'nin cevaplarını aynen gönderiyorum:

- Türkiye Büyük Millet Meclisi'nin sulh programındaki esaslı noktalar nelerdir?
- Misak-ı Millî.

- Boğazlar meselesinin halli için teklif buyurduğunuz suret-i hal *(çözüm şekli)* nedir?
- İstanbul ve Marmara'nın emniyeti masun kalmak *(korunmak)* şartıyla Boğazların cihana açık bulunması esas maksadımızdır.

Bu hususta alâkadar devletler ile beraber bulacağımız şekil, mâkul ve muteber olacaktır.

-Amerika Birleşik Devletleri hakkında ne türlü bir iktisadi siyaset takip edeceksiniz!

- Amerika'nın milli menfaatlerimizi âzami derecede tatmin edebilecek olan vâsi sermaye ve menabiinden *(kaynaklarından)* istifadeye ehemmiyet atfederiz.

- Amerika ve Avrupa efkâr-ı umumiyesine daha bazı şeyler bildirmek arzu buyuruyor musunuz?

- Amerika, Avrupa ve bütün medeniyet cihanı bilmelidir ki Türkiye halkı her medeni ve kabiliyetli millet gibi bilâ kay-ü şart *(kayıtsız şartsız)* hür ve müstakil yaşamaya kat'iyyen karar vermiştir. Bu meşru kararı ihlâle *(bozmaya)* müteveccih *(yönelik)* her kuvvet Türkiye'nin ebedi düşmanı kalır. Bu hususta cihan-ı insaniyet *(insanlık âlemi)* ve medeniyetin vicdan-ı hâlisi muhakkak Türkiye ile beraberdir. Memleketimizin uğradığı tahribatı imar ve senelerden beri türlü türlü mâniler altında tazyik edilen hayat-ı iktisadiyemizin meşru inkişafını temin ve fen ve irfan içinde çalışan bir hayata kavuşmak umde-i sulhiyemizdendir.[37]

---

37. *Hâkimiyet-i Milliye* gazetesi, 24 Ekim 1922

"...Selanikli Kemal'in Ancak Seçilmişlerde Bulunan İnanılmaz Bir Kısmeti de Vardı..."

Fransız gazetesi *Le Monde Illustre*, Yunanlıların ağır bir mağlubiyetle Anadolu'dan tamamıyla çıkartılmalarından sonra, **"Türk-Yunan dramının son perdesi"** başlıklı bir haber-yorum yayımladı. Haberde, *"Türk-Yunan dramı sona erdi ve perde Yunanistan'ın başında parçalandı. Bundan mutlu mu olmak gerekir? Ancak zaman gösterecek. Her şeye rağmen Mudanya Askeri Konferansı bir anlaşmayla sona erdi ve hiç değilse askeri çatışmalar, herkesi rahatlatacak şekilde sona erdi. İşin başında Yunan ordularının İzmir, Uşak, Bursa'yı alıp Kemalist birlikleri püskürtmelerini hatırlayınca, kaderin bu istikrarsızlığına şaşmamak elde değil. Ancak unutmamak gerekir ki; her savaşta, darbe alan ve darbe vuran Selanikli Kemal'in ancak seçilmişlerde bulunan inanılmaz bir kısmeti de vardı. Tabii Avrupa devletlerinin kaprisli tutumları da. Ancak bir adam bunu göremedi, bu Venizelos'tu"* deniliyordu.

Fotoğraf altlarındaki yazılar ise şöyleydi:

"Trakya'nın işgali sırasında Yunanlılarca Ortodoks kilisesine çevrilen Pazar Camii / Mudanya'da konferansa ev sahipliği yapan İsmet Paşa'nın genel karargâhı / Franklin Bouillon İzmir'de Mustafa Kemal ile birlikte"

Le Monde Illustre / 23 Eylül 1922

"Paşam Bu Zaferi Aklım Kavrayamıyor. Ver Elini Öpeyim..."

Gazi Paşa *İleri* gazetesi yazarı Celal Nuri'ye özel bir demeç verdi. O demeç 24 Eylül 1922'de gazetedeki yerini aldı:

Son Zafer Hakkında:
Bu mektubumda Mustafa Kemal Paşa'dan bahsedeceğim. Koca Gazi'miz rıhtım boyunda *–şimdi muhterik (yanmış) olan–* bir gün akdem *(evvel)* bir sahilhanede oturuyordu. Her zamandan genç, çalâk *(atik)*...

- Paşam bu zaferi aklım kavrayamıyor. Ver elini öpeyim.
Karşımda çağın en büyük askeri duruyor. Son zafer kendisini her andan daha çok sevindirmiştir. Paşa, bundan sonra her türlü milli isteklerimize hem de pek yakında ulaşacağımıza inanıyor. Büyük Başkomutan'ımız zaferin çabukluğuna hayran.

- Ne dersiniz? Yaya askerler de İzmir'e atlılarla birlikte katıldı... Bu ne mekânı atlarcasına geçme mucizesi?
Paşa söylüyor:

"Askere dinlenmelerini buyuruyorum. Asker dinlenmiyor ve İzmir'de dinleniriz karşılığıyla savaşıyorlar!..."

İyice anladım ki, Mustafa Kemal Paşa bu savaşta yeni bir savaş yöntemi seçmiş ve herkesi şaşırtmıştır. Bu saldırıda tasarlanan gizlilik bir şaheserdir. Bu kararı komutanlar bile bilmiyorlardı. Bunun yalnız üç beş sırdaşı vardı. İşte o kadar...
Paşa söylüyor:

"Artık Yunan ordusu adına hiçbir şey yoktur. Üstelik Yunan devleti bile yoktur. Rumeli'ndeki bir iki tümenden başka Yunan'ın hiçbir gücü kalmamıştır."

Milli kutsal ateş Mustafa Kemal Paşa'nın gözlerinde parlıyordu. Çok kere Paşa, dünyanın bizi henüz anlayamadığını ve bu mucizeyi göstermede başarılı olamayacağımızı zannettiğini söylüyor.

Alçakgönüllülüğü ileri dereceye götüren Paşa, zaferin nedeni olmak üzere kutsal ve yüce Mehmetçiğimizi gösteriyor. Onun bu hakkını, bir çekince ile kabul ederiz: Mehmetçik ve komutanlarımız.

Bu muharebedeki sürat insanı şaşırtıyor. 26 Ağustos'ta başlayan zafer ve seyr-ü hareket 9 Eylül'de kemalini bulmuş ve bitmiştir. On beş günde sabık *(eski)* cepheden harp ede ede İzmir'e varmak... Bu işte, ordumuzun ve kumandanlarımızın bir sırr-ı zafer kerametidir.

Bu şerait *(koşullar)* altında değil harben, seyahat-ı âdiye ile bile iki haftada Afyon Karahisarı'ndan İzmir'e gitmek muhalat-ı kat'iyedendir *(asla olamaz şeylerdendir)*.

Muharebe Mustafa Kemal Paşa'yı hiç yormamış. Şurasını anladım ki zafer ve galibiyet her türlü yorgunluğu gideriyor ve insana yeni bir mukavemet kabiliyeti izafe ediyor *(ekliyor, katıyor)*.[38]

---

38. *İleri* gazetesi, 24 Eylül 1922

"Çünkü Biz Ne Bolşeviğiz Ne de Komünist!..."

İkdam gazetesi, 3 Kasım 1922 günü sayfasında Paşa'nın *Petit Parisien* muhabirine verdiği röportajı yayımladı. Gazete Paris'te yayımlanıyordu ve dünyanın en çok tiraja sahip gazetesiydi. Gazete röportajı Bursa'daki muhabiri aracılığıyla gerçekleştirdi:

Fransız muhabiri, Gazi Başkumandan'ın sadeliğini ve onun simasındaki azim âsarını naklettikten sonra diyor ki: Gazi Mustafa Kemal Paşa Hazretleri'ne şarkta ecnebiler aleyhine başlayan ve Ankara'dan gelir gibi görünen hareketin Fransız Efkârı Umumiyesi'nde husule getirdiği endişeden bahsettim.

İzmir'de, Bursa'da, Ankara'nın siyaseti yüzünden Fransız menfaatinin zarar görmeye başladığını, Fransızlar Türkler hakkındaki dostane siyasetlerinden dolayı bütün bütün müttefiklerinden ve bilhassa Romanya ve Sırbistan'dan türlü sitem ve hücumlara maruz olup dururken Türklerden müşkülât görmelerinin onları elim bir hayrete düşürdüğünü, Fransa Hükümeti Türk müddeiyatını *(iddialarını)* hararetle müdafaa ettiği bir sırada Anadolu'da Fransız ticaret ve sanayiinin harabisini istilzam edecek *(gerektirecek)* bir meslek tutulmakta olmasını anlayamadığımızı söyledim ve Türk muhibbi *(dostu)* bir Fransız sanatkârının bana dediği gibi Kuvayı Milliye ordusunun zaferinin şarkta Fransız menafiinin mahv-ü harâbisi *(menfaatlerin yıkılışı)* demek olup olmadığını sordum. Gazi Mustafa Kemal Paşa Hazretleri sözlerimi pek ziyade dikkatle dinledi. Gazi Mustafa Kemal Paşa Anadolu'da sakin olan Fransız ve ecnebilerin birkaç haftadan beri işlerini tesviye ve milliyet hissiyatı hâd bir devreye girmiş olan bu memleketi tahliye ederek *(boşaltarak)* diğer Hıristiyanlar gibi hicrete mecbur kalmak üzere bulunduklarını bilecek kadar ahvalden *(durumdan)* haberdardır.

Gazi Başkumandan söze başlayarak dedi ki:

"Bana, Avrupalıların ve bilhassa Fransızların şarktaki menafiinden (menfaatlerinden) bahsediyorsunuz. Her şeyden evvel şurası bilinmek lazımdır ki Büyük Millet Meclisi Hükümeti kapitülasyonların ipkasını (bırakılmasını) asla kabul etmeyecektir. Şayet tebaa-i ecnebiye (yabancı tebaa) eskiden olduğu gibi bundan sonra da kapitülasyonlardan istifade etmeyi düşünüyorlarsa aldanıyorlar. Kapitülasyonlar bizim için mevcut değildir ve asla mevcut olmayacaktır. Fakat Türkiye'nin istiklali her sahada tamamen ve kâmilen tasdik olunmak şartıyla kapılarımız bütün ecnebilere genişçe açık olacaktır. Türkiye ve düvel-i muazzama (büyük devletler) arasında bilahare akdolunacak mukavelelere tevfikan (uyarak), ecnebilerle münasebât-ı hasene (iyi münasebetler) tesis ve idame edeceğiz. Size temin ederim ki bu sebepten dolayı müttefikler mahafilinde beliren endişe lüzumsuzdur. Birtakım mesail-i iktisadiye (ekonomik meseleler) vardır ki biz bunları kendi menabiimizle (kaynaklarımızla) halledemeyiz ve bize yardım edecek dostlar aramaya mecburuz. Halkımızın Fransa hakkında hissiyat-ı dostane (dostluk duyguları) perverde etmesi (beslemesi) pek tabiidir, çünkü Fransa Efkâr-ı Umumiyesi'nin Türklere müsait olduğunu gördük ve her gün görüyoruz."

- Türklerin Sulh Konferansı'nda serdedecekleri teklifatın hutut-u esasiyesini *(esas hatlarını)* lütfen beyan buyurur musunuz?

"Şeraitimiz (şartlarımız) çok açık ve çok sadedir. İstiklalimizin bilâ kayd-ü şart tasdikini talep ediyoruz. Bu mücmel (kısa) cümlede programımızın bütün hutut-u esasiyesi mündemiçtir (bulunmaktadır). Hudud-u millimiz dahilinde bulunan toprakların bize verilmesinde ısrar edeceğiz. Ondan sonra bu topraklar dahilinde tamamıyla müstakil, yani kapitülasyonsuz bir Türkiye yaşamasını istiyoruz. İşte bütün istediklerimiz budur. Şu aralık ortada alemşumul bir mesele vardır ki bu da Boğazlar meselesidir. Boğazlardan serbesti-i mururu (geçiş serbestliğinin) temini bizim için bir esas olduğunu bütün âlem bilir. Biz Boğazların küşadını (açılışını) ve serbestisini tekeffül ediyoruz. Biz bu meselede tek bir şart vazediyoruz. O da İstanbul'un ve Marmara Denizi'nin emniyeti meselesidir. Bu meselenin yalnız Türkiye'nin arzu ve menafi-i hususiyesi dairesinde hallolunamayacağını bilmez değiliz. Bu işte Avrupa'nın menafi-i umumiyesini de nazarı dikkate alınmak lazım geldiğini biliyoruz ve bunun için konferansta tespit edilecek bir şekli kabule biz de hazırız."

Paşa Hazretleri'ne sordum:

- Şu hâlde M. Poincare tarafından sulh konferansının iki safhaya tefriki *(ayrılması)* suretiyle ortaya atılan teklifi siz de kabul ediyorsunuz demektir.

Gazi Mustafa Kemal Paşa cevap verdi:

"Türkiye, müttefikler ve Yunanistan arasında sulh akdi için tanzimi lazım gelen mesail bilhassa işbu devletleri alakadar eder. Ancak Çanakkale meselesinin halli için hususi bir konferans akdedilmesi ve bu konferansa bütün alakadar devletlerin ve bilhassa Sovyet Hükümeti'nin iştirak eylemeleri şayan-ı tercihtir."

Bunun üzerine Gazi Mustafa Kemal Paşa Hazretleri'ne şu suali irat ettim:

- Ankara Büyük Millet Meclis Hükümeti'nin Anadolu'da sakin *(oturan)* ecnebilere karşı tarz-ı hareketi (hareket tarzı) Bolşevikler tarafından ittihaz edilmiş olan tedabire *(tedbirlere)* pek benziyor, ezcümle İzmir'de bazı bankalarda ve hatta Fransız bankalarında ecanibe ait kasaların zorla açılması İstanbul'da müttefikin *(müttefikler)* mahafilinde pek elim bir tesir hâsıl etmiştir. Türkiye'de komünizm şeklinde bir idare mi tesis etmek istiyorsunuz?

Gazi Mustafa Kemal Paşa şu cevabı verdi:

"Yeni Türkiye'nin eski Türkiye ile hiçbir alakası yoktur. Osmanlı hükümeti tarihe geçmiştir. Şimdi yeni bir Türkiye doğmuştur. Tabii millet değişmemiştir. Aynı Türk unsuru bu milleti teşkil ediyor. Ancak tarz-ı idare değişiyor. Ankara Hükümeti'nden evvel İstanbul'da bir sultan ve bunun hükümeti vardı. Millet, memleketin işlerine, vazifesi kanun yapmaktan ibaret olan bir Meclis vasıtasıyla iştirak edebiliyordu. Bu tarzı hükümet, millete hâhişker (arzuladığı) olduğu istiklal ve hürriyeti vermeye kâfi değildi. .... (Noktalı yerler sansür tarafından çıkarılmıştır.)

Yaşamak ve bunun için de ne lazımsa onu yapmak istiyoruz. İşte bunun içindir ki üç seneden beri tarz-ı idaresini değiştirdi. Yukarıda izah ettiğim hükümete bedel, doğrudan doğruya milletten çıkan bir hükümeti kabul etti. Bu yeni hükümet taraf-ı milletten mansup nasbedilmiş (seçilmiş) ve aynı zamanda hem kuvve-i icraiyeyi, hem de kuvve-i teşriiyeyi haiz mebuslardan teşekkül eder. Bu mebusların bazıları umuru idarenin teferruatını temşiyete (yürütmeye) ve halk komiserleri vazifesini ifaya memurdurlar. Hakikatte hâkim olan ve her şeyi idare eden merci, Millet Meclisi'dir. Zannıma göre yeryüzünde buna benzeyen diğer bir hükümet mevcut değildir. Şurasını unutmamalı ki bu tarz-ı idare tamamıyla bir Bolşevik sistemi değildir. Çünkü biz ne Bolşeviğiz ne de komünist! Ne Bolşevik ne de komünist olamayız. Çünkü biz milliyetperver ve dinimize hürmetkârız. Hülâsa bizim şekl-i hükümetimiz tam bir demokrat hükümetidir. Ve lisanımızda bu hükümet halk hükümeti diye yâd edilir.

Bu hükümet doğrudan doğruya milletin arzularını tatmine hâdim ve millet, memleketin idaresine bizzat sahiptir. Bu itibarla kendi mukadderatını kendisi tâyin eder. Memleketimizdeki şuabat-ı idaremizin (idare şubelerimizin) kâffesinde (tümünde) tatbik edilecek olan usul de budur."

- İstanbul'a avdetinizde padişahı tanıyacak mısınız?

"Yirminci asırda bizim elimizden hürriyetimizi alıp başkalarının hâkimiyetini iade ve tesis etmek olamaz. Hilâfeti muhafaza edeceğiz. Şu şartla ki Büyük Millet Meclisi ve millet halifenin istinat edeceği bir mesnet ve kuvvet olacaktır."

- Hilafette şimdiki usul-ü veraseti muhafaza edecek misiniz?

Gazi Mustafa Kemal Paşa burada biraz tereddütten sonra:

"Bu bapta kat'i bir şey söyleyemem. Mamafih şimdiki usulün muhafazası müreccah olacağı (öncelik tanınacağı) zannındayım. Çünkü en sade ve en sehlüttatbik (kolay uygulanan) olan yol budur. Esasen bu mesele yalnız Türkiye'ye ait olmayıp bütün Âlem-i İslam'ı (İslam âlemini) alâkadar eden bir meseledir."[39]

---

39. *İkdam* gazetesi, 3 Kasım 1922

"Napolyon İhtirası Her Şeyden Öne Koydu..."

Uzun bir uğraştan sonra Ankara'ya ulaşmayı başaran İngiliz gazeteci Grace Ellison yol boyunca *"Anadolu'da Türk çeteler, haydutlar kol geziyor; Hıristiyanların kulaklarını kesiyor, para vermeyenleri kıtır kıtır doğruyor. Türkler ileri gidiyor ve bir an önce bir şeyler yapılmalı"* diye düşünmüştü. Fakat bu iddialara pek inancı yoktu; uydurma olarak değerlendiriyor ve gerçekleri görmek için Gazi Paşa ile röportaj yapmak istiyordu. En çok merak ettiği de bir ulusu yoktan var etmeye çalışan liderdi. Kendisine, *"Savaşın ortasında yapmayın, gitmeyin, Anadolu tehlikeli!"* denmelerine kulak asmamıştı.

Anadolu'ya geldiğinde ilk geldiği durak olan İzmir'den uzaklaştıkça barut kokuları ve dumanlar gelmeye başladı. Tren Kütahya'ya her yaklaştığı dakikada heyecanı, yerini korkuya bırakmıştı. Tren Ankara'ya yaklaştığında gördükleri karşısında dehşete düşmüştü. Pencereden her baktığında yanan köyler, ateşe verilmiş camiler, camilerin içinde halen dumanı tüten ve kömüre dönmüş cesetler görüyordu. Yanındaki rehber kendisine, ölü kadın ve bebekler olduğunu, köylülerin camilere zorla doldurulduğunu ve içerideyken camilerin ateşe verildiğini, kurtulanların arazide kazdıkları çukurlarda saklanıp ot yemek zorunda kaldıklarını anlatmıştı...

Paşa'nın huzuruna çıktığında omzunda ne denli ağır bir yük olduğunu ise çoktan anlamıştı. *(Grace Ellison o anılarını ileriki yıllarda Ankara'da Bir İngiliz Kadın adlı kitapta topladı.)* Yazı masasının üzerinde Napolyon'a ait bazı kitapları görünce,

"Sadece büyük bir zafer hakkında tebriklerim yerine, 'Küçük Korsikalı' hakkında bir kitap getirmediğime teessüf ettim" dedi. Gözlerinin içine keskin bakışlar göndererek konuştu:

- Böyle bir şey düşünmeyiniz, o beni büyük bir general olarak alâkadar eder, fakat...

- Ben zannediyordum ki sizin ona karşı alakanız hayranlık derecesine varır, öyle diyorlar.

- Ne garip bir rivayet! Tabii ben bütün büyük sevkülceyişleri tetkik ederim; fakat Sakarya'yı Austerlitz'e benzetmek büyük bir kompliman değildir. Napolyon ihtirası her şeyden öne koydu. O kendisi için döğüştü. Gaye için değil. Neticede mukadder *(kaçınılmaz)* olan inhidam *(yıklü)* geldi.

- Muvaffakıyetten hiç an şüphe ettiniz mi?

- Hayır! Asla. Ben bütün plânı en başlangıçtan beri olduğu gibi gördüm *(hiç cephanemiz kalmadığı zamanlar bile)* ve neticeyi bildim. Biz kan akmasına ve harabiyete mâni olmak için uzun zaman geciktik. Fethi Bey, son bir tedbir olmak üzere Londra'ya gitti. Çünkü biz kanla değil, mürekkeple yapılmış bir muahede istiyorduk.

Paşa'nın yazı masasının üzerinde duran güzel yüzlü bir Türk hanımının portresine gözü ilişti.

"Ne güzel bir yüz!" diye haykırdı.

Göze çarpan bir gururla **"Anam"** dedi.

"Onu görmenin büyük zevkine varabilir miyim?" diye sordu:

Çok hastadır. Doktorlar gece gündüz yanındadırlar. Heyhat, korkuyorum artık iyi olmayacak.

Birlikte merdivenden çıkıp Zübeyde Hanım'ın odasına geçtiler. Onu divan üzerinde yastıklara dayanıp otururken görünce şaşırdı, ölüme yakın olduğuna inanmakta güçlük çekti.

Paşa, "Yazık!" dedi ve ekledi: "Onun ıstırabı benim yüzümdendir. Benim sürgün kaldığım yıllar esnasında çektiği ıstırap ve döktüğü gözyaşlarının hesabını şimdi veriyor."

Grace Ellison Zübeyde Hanım'a döndü, rehberi aracılığıyla, "Şimdi siz de onun zaferine iştirak edebilirsiniz, oğlunuzla kim bilir ne kadar iftihar ediyorsunuz. Onun yaptıkları fevkaladedir. Ben yalnız onun eserini görmüş olmak ve onunla konuşmuş olmakla iftihar ediyorum" dedi.

Zübeyde Hanım'ın teşekkürü kısık titrek sesiyle oldu:

"Allah'ın bana bu oğulu vatanı kurtarmak için gönderdiğine inanıyorum."[40]

Grace Ellison

---

40. *Yücel* mecmuası, Mart 1940, Sayı: 61

"Meclis, Bir Şûra Hükümeti ile İdare Olunur..."

Hakkı Tarık (Us) *Vakit* gazetesinin sahibiydi. Milli Mücadele'ye destek verenlerden biriydi. Koleksiyoner olarak da ün yapmıştı. Aralık ayının ortalarında Paşa ile görüşmesinin ana konusu gelecekte hangi inkılapların olasılıklarıydı:

- Paşa Hazretleri hem 10 Temmuz'un, hem 1 Teşrinisani'nin *(Kasım'ın)* muvaffak bir kumandanıdırlar. İki inkılâp arasındaki farkı, lisan-ı devletlerinden işitmek isteriz.

- Bu iki inkılâp arasındaki fark, tarif olunamayacak derecede büyüktür zannederim. Birincisi, milletin tabiaten aradığı havay-ı hürriyeti teneffüs ettiğini zannettiren bir harekettir; fakat ikincisi milletin hürriyet ve hâkimiyetini fiilen ve hâdiseten tespit ve ilân eden bir inkılâbı mesuttur ve şüphe yok, yalnız Türkiye'de değil, bütün cihanda nazar-ı ehemmiyete alınmaya lâyık bir teceddüttür *(yeniliktir)*.

- Bazıları iki inkılâbın tazammun ettiği (içerdiği) şekl-i idare arasında bir fark olmadığına kani görünüyorlar. Meselâ: "Meşrutiyette gayri mes'ul bir mevkide tutulan hükümdar vâkıa kendiliğinden bir başvekil nasbeder (atama yapar) görünmektedir; fakat bir tecrübe devresinden sonra bu başvekili itimatla yerinde tutup tutmamak yine Millet Meclisi'nin elindedir ve bütün icra işlerinde sadrazamın imzası olmadan hükümdarın imzası bir kıymet ifade etmez. Şu halde bugünkü icra vekilleri heyeti, dünkü heyeti vükelâ ile karşılaştırırsak, iki şekli idarede büyük bir fark görmemek lâzım gelir" diyorlar.

- 10 Temmuz inkılâbı bir hükümdarı müstebitle *(diktatör)* millet arasında en nihayet kuyut ve şurut ile muvazene arayan bir zihniyeti istihsale mâtuf idi. Halbuki son inkılâp, usul-i meşrutiyeti dahi hürriyet ve istikbâl-i millet için kâfi göremez ve bilâkaydü şart hâkimiyeti, milletin uhdesinde tutan esaslı bir umdeye istinat eder *(ilkeye dayanır)*. Bu umdenin taallûk ettiği şekil, hiçbir vakitte eski eşkâl *(biçim)* ile mukayese kabul edemez. Bugün Türkiye Devleti doğrudan doğruya bir Meclis, bir şûra hükümeti ile idare olunur ve ilelebet böyle idare olunacaktır. Türkiye Devleti'nin ve Türkiye Büyük Millet Meclisi Hükümeti'nin mahiyet-i asliyesini anlayabilmek için, Teşkilatı Esasiye'sini dikkatle mütalâa etmek lâzımdır. Bu hususta benim tarafımdan verilen bir nutku gözden geçirmek de muvafık *(uygun)* olur.

- Teşkilatı Esasiye kanunumuzun mütalâası bazılarınca bir noktadan, bir madde ilâvesine ihtiyaç hissettirdiği kanaatini hissettirmiş; Meclis'in iki seneden ibaret eden müddet-i içtimaı bitmeden Meclis haricindeki efrad-ı milletin ârâsını *(oylarını)* yoklamak lüzumu hâsıl olsa icrasına nasıl imkân verilebilecektir!

- Bunun için bir madde ilâvesine lüzum yoktur. Vaziyeti hakikiye muvacehesinde *(yüz yüze)* Meclis buna dair usûlü dairesinde bir karar ittihaz edecek mevkidedir.

- **Paşa Hazretleri sulh müzakeresinde bulunuyoruz. Bugünkü Meclis, müddeti içtimaını, gaye-i millinin tahakkuku ile takyid (bağlamış) ve tehdit** *(sınırlama)* **etmiştir. Meclis, heyeti vekileyi sulh muahedesinin imzasına mezun kılmak gibi bir karar itihas edince kendisi gaye-i milliye vasıl olmuş sayılabilecek midir?**

- Şüphesiz şayan-ı kabul göreceği sulh şeraitini tasdik ettiği gün, hikmet-i mevcudiyeti olan vezaif-i milliyeyi ikmal etmiş olacaktır ve Teşkilatı Esasiye Kanunu'nda musarrah olduğu üzere iki sene devam etmek üzere yeni intihabat icra olunacaktır.

- **Paşa Hazretleri memleketimizin her noktasını tanımış, ihtiyacına nüfuz ve vukufunu da muvaffakıyetleriyle ispat etmiştir. Bilhassa istiladan kurtarılan yerleri nazarı dikkate alarak, eğer faaliyet-i milliyeyi bir sıra numarası altına almak icap etse, en başa hangi nevi icraat geçireceklerdir?**

- Buna dair badessulh *(barıştan sonra)* ilân edeceğim programda izahat-ı kâfiye göreceksiniz.

Paşa, gelecekte düşündüklerini detaylandırmadı... Hakkı Tarık Bey 12 Aralık 1922 günü okurlarının karşısına çıkacağı yazısının ayrıntılarında görüşlerini kâğıt üzerine döktü:

"Dün bütün milli emeller bir 'misak' (söz verme, sözleşme) üzerinde toplanarak müdafaa yolunda memlekete nasıl bir istinat noktası bulunmuş ve muvaffak olunmuşsa, Paşa Hazretleri yarın da milli tekâmül için öyle bir istinat noktasını tâyin ederken, kendi tâbirleriyle, memleketin münevverlerini 'tahriri bir kongre'ye iştirâk ettirmeyi

tasmim etmişlerdir (tasarlamışlardır). O cevaplar gelip toplandıktan sonra müntahap (seçilmiş), heyetin yardımıyla bunları gözden geçirecekler ve bütün halk kütlesini birden kaldıracak bir idare manivelâsını o zaman harekete getireceklerdir."[41]

---

41. *Vakit* gazetesi, 12 Aralık 1922, No. 1796

"Türkler Kapitülasyonların Kendilerini Ölüme Sevk Edeceğini Anlamıştır..."

Fransız *Le Journal* muhabiri Paul Herriot Ankara'daydı. Ankara'ya varır varmaz Büyük Millet Meclisi Reisi Gazi Mustafa Kemal Paşa'dan istediği röportajın fırsatını yakalayınca oldukça sevindi. Görüşme Çankaya Köşkü'nde gerçekleşti. Ana tema Lozan Konferansı ve içerdikleriydi. Gazi Paşa misafirine kahve ikram ettikten sonra Fransızca konuşmaya başladı, söyledikleri adeta bir kesin uyarı gibiydi:

"Türkiye'ye karşı daima iyi niyetler beslemiş olan Fransız kavminin Türkleri, içinde bulundukları hal-i harbden çıkmış görmek arzusunda bulunduğuna ve Türk mütalebatının *(isteklerinin)* haklı ve mâkul olduğunu takdir ettiğine samimi surette kaaniim. Binaenaleyh Lozan'daki murahhaslarımızın ihtiyar ettikleri hatt-ı hareketten derin surette müteheyyirim *(hayretteyim)* ve bu murahhasların memleketiniz efkâr-ı umumiyesinin hakiki tercümanı olduklarına inanamıyorum. Murahhaslarımız hiçbir yeni talepte bulunmadılar. Kendilerinin mutalebatı *(istekleri)* memleketimizin yaşaması ve istiklalini temin etmesi için lâzım gelen şeraitin hadd-ı asgarisini ihtiva etmektedir. İstanbul ve Marmara Denizi'nin selâmet ve taarruzdan masuniyeti hakkında teminat-ı lâzime *(gerekli teminat)* verilmek şartiyle Boğazlar serbestisini en evvel teklif eden biziz. Bugüne kadar bunu yapmadılar. Bu kabil teminat talebinde bulunduğumuzdan dolayı bizi ciddi surette tahtie edemezler *(hatalı bulamazlar)*. Bugün bizi Lozan'a davet eden zevatın konferansın küşadından mukaddem *(açılmasından önce)* İstanbul'un bize iade edileceğini vadeden insanlar olduğunu derhâtır edince bu vaadin bize hulûs *(iyi)* niyetiyle yapılmış olmasından şüphe etmeye başlıyoruz. Çünkü İstanbul'un selâmet ve emniyeti için elzem *(gerekli)* olan şerait *(koşullar)* hakkında bugün bizimle pazarlık yapılmak isteniyor. Mamafih bu husustaki fikrimi beyan etmeyi Boğazlar meselesinin halledildiğini öğreneceğim güne tâlik ediyorum *(geciktiriyorum)*.

Lâkin şimdiye kadar Lozan, bize şayan-ı hayret ve taaccüb *(şaşkınlık)* diğer manzaralar da ihzar etmekten *(hazırlamaktan)* geri durmadı. Kapitülâsyonların konferansta birçok içtimaları *(toplantıları)* işgal etmiş olması sebebini bir türlü anlayamıyoruz. Bu meselenin mevzubahis ve müzakere edilmesi bile izzet-i nefs-i millimize *(milli izzetinefsimize)* tevcih olunmuş bir hakarettir. Kapitülâsyonların Türk Milleti için ne derece menfur *(nefret edilecek)* bir şey olduğunu size tarife muktedir değilim. Bunları diğer şekil ve namlar altında gizleyerek bize kabul ettirmeye muvaffak olacaklarını tasavvur ve tahayyül edenler bu bapta pek çok aldanıyorlar. Zira Türkler kapitülasyonların idâmesinin *(devam ettirilmesi)* kendilerini pek az bir vakitte ölüme sevk edeceğini pek iyi anlamışlardır. Türkiye, esir olarak mahvolmaktansa son nefesine kadar mücadele ve mücahedede *(uğraşmaya)* bulunmaya azmetmiştir.

Ümit ederim ki bizimle sulh yapmak istediklerini beyan edenler nokta-i nazarlarında ısrar etmeyerek, bu meselede Türk milletinin azim ve iradesi aleyhine yürümek kaabil olamayacağını anladıklarını yakından göstermeye cesaret edeceklerdir.

Bir fesat ve hiyanet ocağı bulunan, memlekette tohm-ı nifak *(ayrılık)* ve şikak *(uyuşmazlık)* saçan, Hıristiyan hemşehrilerimizin huzur ve refahı için de mucib-i şeamet *(uğursuzluğa sebep olan)* ve felâket olan Rum Patrikhanesi'ni artık topraklarımız üzerinde bırakamayız. Bu tehlikeli teşkilatı memleketimizde muhafazaya bizi mecbur etmek için ne gibi vesile ve sebepler irâde olunabilir *(gösterilebilir)*?

Türkiye'nin Rum Patrikhanesi içini arazisi üzerinde bir melce *(sığınılacak yer)* göstermeye ne mecburiyeti var? Bu fesat ocağının hakiki yeri Yunanistan'da değil midir?

Âlem-i medeniyetin unutmaması lâzım gelen bir mühim nokta daha vardır: Büyük Millet Meclisi tarafından idare edilmekte olan yeni Türkiye, Babıâli'nin taht-ı idaresindeki eski Osmanlı İmparatorluğu değildir. Yeni Türkiye şeref ve haysiyet, kudret ve kuvvetini müdrik ve hukukunu muhafaza için mevcudiyetini tehlikeye ilka etmeye *(atmaya)* de hazır ve âmâdedir."

Paul Herriot görüşme bittiğinde şaşkındı. Not ettiklerini vakit kaybetmeden telgrafla gazetesine geçti. Paşa'nın keskin sözleri Türkiye'deki gazetelerde de halka duyuruldu.[42]

---

42. *Hâkimiyet-i Milliye* gazetesi, 2 Ocak 1923

"Dünya, Halifeliğini Konuşurken Gazi Muhtarlık Seçimlerinde..."

1923 yılına girildiğinde Paşa'nın adı halifelik için geçmeye başlamıştı. Dünya çalkalanıyordu. Avrupalı devletler pür dikkat kesilmişti. Gazi sadece Türk insanını değil dünya üzerindeki Müslümanları da harekete geçirmişti. Gazi kendisine yakınlığıyla bilinen *Hâkimiyet-i Milliye* gazetesi **"Hilafetin Halaskârı (Kurtarıcısı)"** başlıklı haberinde *"Hint Cemiyet-i Uleması Gazi Paşa Hazretleri'ne bu unvanın tevcihine karar verdi"* diyordu:

> *"Hindistan Cemiyet-i Uleması mühim bir içtima akdederek Gazi Mustafa Kemal Paşa Hazretleri'nin İslamiyet'e karşı yapmış olduğu hizmetleri yâd ve tezkar (anma ve hatırlatma) eylemiş ve hilafetin kurtarılmasındaki gayretinden dolayı kendisine 'Halaskârı Hilafet' unvanının tevcihine müttefikan karar vermişlerdir. Rıfat."*[43]

Dünya ondan Müslümanların lideri diye söz ederken o Hacıbayram Mahallesi'ndeki muhtarlık seçimlerine katılıp oy kullanma mutluluğunu yaşıyordu.

Hâkimiyet-i Milliye'deki **"Büyük Gazi'mizin Dün Geceki Nutukları"** adlı haberde, Gazi Paşa'nın bu sırada yaptığı konuşmaya yer verildi. Haberin spotu, *"Memlekette istibdat ve irticaın*

---
43. *Hâkimiyet-i Milliye* gazetesi, 3 Ocak 1923

yeri kalmamıştır. Bu fikir değil, temas edilebilecek bir his olsa onun gideceği yerin milletin zaten tayin ettiği yer olduğuna şüphe yoktur" şeklindeydi. Gazi'nin nutku şöyleydi:

> *"Mahallemizin heyet-i ihtiyar intihabı (muhtarlık seçimi) münasebetiyle vuku bulan bu içtimada hazır bulunmak benim için en büyük saadettir. Bu içtimaın maksadı memleketimizi kurtarmak ve mazhar-ı saadet etmek için çalışanlarca çok haiz-i ehemmiyettir. (...)*
>
> *Diyorsunuz ki fikr-i istibdat ve irtica bir daha yer bulmayacaktır. Ben de aynı kanaatteyim. Bunu sizin gibi gençlerden işitmek mucib-i şereftir. Filhakika memlekette istibdat ve irticaın yeri kalmamıştır. Bu fikir değil, temas edilebilecek bir his olsa onun gideceği yerin milletin zaten tayin ettiği yer olduğuna şüphe yoktur. Bunun milletin üç buçuk seneden beri namütenahi fedakârlıklarla ve milletin fedakâr evlatlarından mürekkep ordumuzun dereler vücuda getirecek kadar döktüğü kanlarla ihraz (elde) ettiği muvaffakiyet iki nokta-i nazardan haiz-i ehemmiyettir. Bu ehemmiyetli noktadan birincisi memleketimiz kıymetli aksamını kirli ayaklarıyla çiğneyen düşmanı son noktaya kadar tard etmiş olmaktır. Bundan daha mühimmi Teşkilat-ı Esasiye Kanunu'muzun birinci maddesini teşkil eden keyfiyettir. Yani hâkimiyet-i milliyetin bila-kayd ü şart milletimizin uhdesinde tahakkuk ve teeyyüt etmiş olmasıdır. Bu tarihimizin ve cihan tarihinin takdirler ve tahsinler ile karşılayacağı bir muvaffakiyettir."*[44]

---

44. *Hâkimiyet-i Milliye* gazetesi, 11 Ocak 1923

"Tam Bağımsızlık, Kayıtsız ve Şartsız Milli Egemenlik..."

İstanbul basınının temsilcileri İzmit'teydi. Her biri meraklıydı. Yeni Türkiye nereye gidecekti? Gazi'nin planları neydi? Ülkenin güçlenip kalkınması için neler bekleniyordu? O soruların yanıtı bir nebze olsun Gazi'nin dudaklarından döküldü. Gazeteciler duyacaklarına inanmakta güçlük çekeceklerdi. Zira 19 Mayıs 1919 gününün üzerinden sadece üç buçuk sene geçmişti. Söze gazetecilerle olan birlikteliğinden mutluluk duyduğunu dile getirerek başladı ve ardından dava arkadaşları ve kendisine inananlarla neleri başardığını anlattı:

"...Millet üç buçuk seneden beridir karşı geldiği zorlukların ve fedakârlığın açık ve olumlu sonuçlarını görmekle, takip olunan hareket şeklinin mutlaka mutluluk hedefine ereceğinden emindir. (...)

İktisat, eğitim işleri, sosyal yardım hizmetleri şimdiden temas edilebilir yeni sonuçlar vermiştir. Ziraat mektepleri var olanlardan başka Bursa'da, Balıkesir'de, İzmir'de, Adana'da, Erzincan'da beş mektebe sahip olmakla artırılmıştır.

Savaşın ve inkılâpların faaliyetlerinden alıkoyduğu ziraat bankaları yeniden harekete koyulmuş ve birçok şubeler meydana getirerek halkın yardımına koşmaya başlamıştır.

Birçok sığınmacı ve göçmen refah ile uygun yerlere gönderilmiş ve yerleştirilmiştir. Bunun daha iyi sağlanması için özel yardım bankaları kurulmak üzeredir.

Köylülere önemli sayıda iki buçuk milyon liralık ziraat alet ve araçlar dağıtılmış ve bu konudaki dağıtıma devam edilmektedir. Ayrıca köylülere tarım alet ve araçları vermek ve bunları gerektiğinde tamir etmek için sermayesinin yüzde yetmişine ortak olduğumuz bir şirket ile anlaşılmak üzeredir. Bu çiftçileri çok memnun ederek onlara yarar sağlayacaktır.

Bayındırlık girişimleri yakında gerçekleşebilecek ümit veren bir konumdadır. Bunun sonucunda memleketin bütün önemli merkezleri birbirine az zamanda trenle bağlantı kazanacaktır. Önemli maden hazineleri açılacaktır. Memleketimizin baştan sona kadar harap manzarasını imar etmekten ibaret olan gayenin temel taşları her yerde görenleri çalışmak ve mutlu olmak ihtiyacı içinde bütün halkımız için, işçiler için, geniş ve emin çalışma alanları davetlerini yapmakta gecikmeyecektir.

Tüccarlarımız yüzlerinin güleceği günden uzak değildirler. Memleketi bayındır ve milleti mutlu etmek için düşünülen ve girişilen bütün bu işlerde takip olunacak programın temel noktalarına fiilen yönelinmiş sayılabilir. Bu başlangıcın en ileri şekli, derin araştırmalar ile çizilecektir. Özellikle ekonomik hareketleri dayandıracağımız ilkeleri; her türlü bilgiyle beraber özellikle doğrudan doğruya memleketimiz toprakları koklanarak ve bu topraklarda bizzat çalışan insanların sözleri işitilerek belirlenecektir. Sanayi ve ticaretimiz için de aynı değerlendirme yapılacaktır. Bunun içindir ki, şubatın on beşinde İzmir'de belki beş bin kişinin toplanabileceği bir kongre yapılacaktır.

Bu kongre bizzat millete ve bir taraftan da diğer milletlere anlatacaktır ki, yeni Türkiye Devleti temellerini süngü ile değil, süngünün bile dayandığı iktisat bilgisi ile kuracaktır. Yeni Türkiye Devleti savaşçı bir devlet olmayacaktır.

Fakat yeni Türkiye Devleti bir ekonomi devleti olacaktır. Bu devleti en kuvvetli temeller üzerinde çok az zamanda kurmak hususunda Japonlardan az yetenekli olmadığını gerçekten ispat edecektir.

Hindistan ile Avrupa arasındaki ekonomi yollarını, Süveyş'ten Boğazlar ve Kafkasya'dan geçen yolları elinde bulundurmakla ancak hayatla ilgili kabiliyetinin korunmuş olacağını sanan eski Osmanlı İmparatorluğu ile bu yolları terk etmiş olan ve hayatla ilgili yeteneğini göstermek ve ispat etmek için bu yollara ihtiyacı olmadığını bildiren yeni Türkiye arasındaki farkı, hayat yeteneği olgunlaşma farkını görmek için dünya çok zaman beklemede bırakılmayacaktır.

Bu saydığım ekonomi ve sanayi girişimleri içinde söz ettiğim şirketlerin, milli istiklal ve hâkimiyetimize saygılı milletlerin güven içinde hükümetimizle ilişkiler kurmaları ve kanunlarımız dairesinde anlaşmaları ile faaliyete geçebileceklerini söylemeye gerek yoktur. Gerçekten memleketimizi az bir zamanda bayındır yapmak için milletimizin yetersiz sermayesi karşısında dışarının sermayesinden, araçlarından, bilgisinden yararlanmak gerçek çıkarlarımız gereğindendir. Hükümetimiz, açıklanmasına gerek olmayan vazgeçilmez ilkelerine saygı gösterecek olan her devlet ve millete karşı bu konuda güven ve samimiyetle yaklaşacaktır.

İçinde bulunduğumuz durumda çok kuvvetli olduğumuzu ortaya koyan ve gelecek girişimlerimizde mutlaka başarılı olacağımızı bize inandıran durumlar, milletin inkılâp ve mücadele ile kurmuş olduğu bugünkü hükümetimizin şekli yapısı ve içeriğidir. Hükümetimiz, Türkiye Büyük Millet Meclisi Hükümeti, millidir; tamamıyla maddidir; gerçekçidir, sevgi doludur. Hayal edilen ülküler arkasında, o ülkülere ulaşmak için değil, fakat ulaşmak hülyasıyla milleti kayalara çarparak, bataklıklara batırarak en sonunda kurban ederek yok etmek gibi cinayetten sakınan bir hükümettir. Türkiye Büyük Millet Meclisi'nin bütün programlarının ilkesi şu iki esastır: Tam bağımsızlık, kayıtsız ve şartsız milli egemenlik.

Birinci ilkesinin ifadesi Misak-ı Milli'dir. İkinci ve hayati olan ilkesinin açıklaması Anayasa Kanunu'dur. Millet, Misak-ı Milli'nin anlamını seçkin evlâtlarından oluşturduğu kahraman ordularıyla fiilen elde etmiştir. Bunun usulen ve siyaseten ifade bile olunacağına şüphe yoktur. Anayasanın gerçek ruhu ise bu kanunun kitaplara geçmesinden önce milletin beyninde ve vicdanında toplanmış olmasıyla ve ancak bunun ifadesi olmak üzere kurduğu meclise verdiği asıl görev ile ortaya konmuştur. Senelerden beri hükümlerini fiilen uygulamakta olmasıyla ve en sonunda kanun şeklinde dünyaya açıklamasıyla gerçekleşmiştir.

Egemenlik kayıtsız şartsız milletindir. Ve gerçek milli istek ve iradeyi uygular ve ancak bununla millet alın yazısına sahip olur. Tarihi olaylarımız ve tecrübelerimiz bize milletin koyun sürüsü halinde olduğu görüşünün, keyfin, arzu ve hırsların ve hiçbir şekilde karşılanmayan çıkarların elde edilmesine sürüklemekle milletin yok olmasına neden olan içeriğe dönüşen idare şekillerinin artık memleketimizde uygulamasının kalmadığını göstermiştir.

Millet; hâkimiyetini değil, hâkimiyetin bir zerresini bile bir başkasına terk etmenin neden olabileceği felâketin, yok olmanın, hüsranın acısını her an kalbinde ve vicdanında duymaktadır. Zaten iradenin ve hâkimiyetin ayrılamaz ve bölünemez olduğunu ilmen ve gerçekten düşündükten sonra böyle bir görüşün uygulamasına kalkışmak ancak göreceli ve yapay bir işe girişmekten başka bir şekilde yorumlanamaz. Millet ve memleketimiz için ise bu mecburiyet atlatılmıştır. Milleti hâkimiyetinden mahrum eden engel, milletin coşması ve tamamıyla taşması ile biraz zor ve fakat sonuç olarak başarılı şekilde ortadan kaldırılmıştır. Yok olanın diriltilmesine kalkışmak ise elbette olmayacağı olur görme düşüncesine sapmada inat olur. Bu, dik başlıların ki milletin başarısızlığına bilerek veya bilmeyerek neden oluyorlar, gerçek pişmanlığına ve üzüntü verici bir başarısızlığa neden olmaktan başka bir sonuç vermez.

Artık millete karşı namusluca, kesin gerçeği ilân edenler çoktur. Milletimiz ise gerçekleri iyi anlamaya ve gereklerini uygulamaya çok uygun ve yeteneklidir. Bu anlayışlılığı ispat için yakın tarihin bile verebileceği örnekler çoktur. Felâketini anlayan milletimiz ne şeyhülislamların dinin gereğidir diye irticaya davet eden fetvalarını ve ne de halife ve padişahın camilerden çalınan ayetler ve Peygamber'e ait hadisler ile süslenmiş ve birleşmiş sancakları başlarında taşıyan hilâfet ordularına değer vermemiştir.

Milli mücadeleye devamın hiçbir şey elde edilemedikten başka büsbütün yok olma sebebi olacağını söylemelerine de önem vermemiştir. Babıâli ileri gelenlerinin dikkatsiz ve bilgisiz çalışmalarına ve en sonunda halifenin, padişahın bildirilerini uçaklarla savaşan ordumuz saflarına atan ve halife adına hareket ettiğini söyleyen Yunan ordusunun aldatışlarına zerre kadar dikkat göstermedi ve göstermeyecektir. Özellikle bundan sonra kesinlikle göstermeyecektir. Çünkü bu millet yüzyıllardan beri bu gibi gericilerin, bilgisizlerin, yalancıların, çıkarcıların, serserilerin sözlerine inanmak saflığını gösterdiğinden dolayıdır ki, bugün çamurdan ve sazdan harabelerde oturmaya mahkûm, çıplak ayakları ile ve çıplak vücutları ile çamurların, karların, yağmurların acımasız şamarları altında yeniden aklını başına toplamak zorunda kalmıştır.

Türkiye Büyük Millet Meclisi ve Hükümeti, memleketin bütün vicdanlı ve namuslu aydınları millete ve memlekete karşı, öncelikle bu millet ve memleketin birer evlâdı olmak bakımından, ikinci olarak üyesi oldukları toplumun medeniyet dünyasında değerini ve derecesini yükselttikçe bunun kendileri için ne derece şeref ve mutluluk sebebi olacağını düşünmektedirler. Bu düşüncesiyle kendilerine yönelen görevin memleketi ve milleti medeniyetin ve insanlık gereklerinin mecbur kıldığı olgunlaşma derecesine getirmek için bütün varlıkları ile her türlü çalışma kollarında en doğru yolları aramak, bulmak ve bunun en doğru olduğunu millete anlatarak, bunun üzerinde hızlı ve geniş adımlarla yürümeyi ve bütün milleti yürütmeyi sağlamaktır. Bunda başarının gerektirdiği nitelikleri düşünürsek, bu niteliklerin var olanlarından yararlanmak ve var olmayanlarını elde etmeye çalışmak konusundaki gayretin ne kadar geniş ve ne kadar ciddi olduğunu değerlendiririz. Milli hedef belli olmuştur. Ona ulaştıracak yolları bulmak zor değildir, önemli olan, çetin olan, o yollar üzerinde çalışmaktır. Denebilir ki, hiçbir şeye muhtaç değiliz, yalnız tek bir şeye çok ihtiyacımız vardır; çalışkan olmak. Sosyal hastalıklarımızı araştırırsak temel olarak bundan başka, bundan önemli bir hastalık bulamayız, hastalık budur. O halde ilk işimiz bu hastalığı esaslı şekilde tedavi etmektir. Milleti çalışkan yapmaktır. Servet ve onun tabii sonucu olan rahatlık ve mutluluk yalnız ve ancak çalışkanların hakkıdır.

Eksiksiz bizim milletimizin fertleri çalışmaya isteklidir. Fakat harcanılan çalışmadan yararlanmanın büyüklüğü, emekte uygulanan yönteme uygundur. Öncelikle yöntemlerimizi en çok kazanç verecek medeni şekilde belirlemeliyiz. Bir de ayrı ayrı olan çalışmaların sonuçları, çalışmanın birlikte vereceği sonuçtan çok aşağıdır. Bunun için milletin sosyal ihtiyaçlarını doyuracak ve geçmişteki zararlarını giderebilecek en uygun programı belirlemek zorundayız. Program, bütün milletçe uygulanmalıdır. Bu ancak siyasi bir kuruluş ile olabilir.

İşte bu gerçeğin gereği ve zorlamasıyladır ki, bütün sınıfları birbirinden ayrılamaz olan, çünkü çıkarları da birbiriyle zıt olmayan halkımızın ortak yararlarını ve mutluluğunu sağlamak için Halk Fırkası adı altında bir parti kurulması düşünülmektedir. Fakat milli amaçlardan fazla, şahsi çıkarlar ilkesine dayanan siyasi kuruluşlardan ve onların aldatmalarından, çarpışmalarından doğmuş olan şekillerin şimdi cezasını çekmekte olan milleti aynı sonuçsuz uğraşılara sevk etmek kadar büyük günah yoktur.

Bu ifade ile belirtilmek istenilen şudur ki, ismi parti olan halk kuruluşundan amaç, millet evlâdının bir kısmının halk sınıflarından bazılarının, diğer evlat ve sınıfların zararına çıkarlarını sağlamak değildir. Belki birbirinden ayrı olmayıp halk adı altında bulunan bütün milleti ortak ve birleşik bir şekilde gerçek rahatlığa ulaştırmak için harekete geçirmektir. Yapılması gereken çalışmanın şekil ve derecesi, doğal durumunu bulmuş herhangi bir milletin güven ve huzur içinde izlediği şekilden ve dereceden başkadır. Çok fazladır. Çünkü millet ve memleketimiz bütün dünyada hayret verici zaferlerinden sonra bile güven ve huzur içinde kendini görememek talihsizliğine mahkûmdur. Geçmiş, karanlık ve uğursuz geçmiş, millete ancak böyle bir miras bırakmıştır.

Mondros mütareke hükümlerinin haksız ve adaletsiz bir şekilde fiilen bozulmuş olmasından, bütün memleket için çok felâketler doğmuştur. Bu felâketlerin en kötüsüne sahne olan yerlerden biri de İstanbul'dur. İstanbul, yalnız yabancıların saldırısına, baskısına, hor görmesine göğüs germemiştir. İstanbul aynı zamanda yüzyıllardan beri milletin başında taşıdığı bir hükümdarın ve onun araçlarının bile verdiği acılarla ağlamıştır. İstanbul, baskıyı, saldırıyı her yerden daha çabuk ve daha derin bir titizlikle duyabilecek özel duruma sahiptir. Gerçekten bu beldede milyona yakın İslam unsuru vardır. Bu beldede büyük imparatorlukları idare için kurulmuş geniş makinelerin binlerce hizmetçileri vardır. Bu beldede bütün memleket için, memleketin her tarafında çalışmış ve görevini tamamladıktan sonra dinlenmeye geçmiş olduğunu zanneden, binlerce emekli ve yine binlerce dul ve yetim vardır. Bütün bu saydığımız insanlar hayatlarını devam ettirmek için üzücü bir görüntünün şahidi bulunuyorlar.

Türkiye Büyük Millet Meclisi ve Hükümeti kurulduğu günden İstanbul idaresine el koyduğu güne kadar bu üzüntülü durumun daima çarpıntılarını duymuştur. Bugün ki, bu belde ile ve orada yaşayanlarla görüşmüş, elbette senelerden beri kalbini yakan bu acı ve üzüntü verici duruma çare bulucu olmayı en önemli görevlerinden sayar ve bu görevini yapmakla şüphesiz mutlu olacaktır. Ancak en iyi önlemi bulmak ve onu içinde bulunan şartları göz önüne alarak faydalı ve derhal mutluluk veren eserlerini gösterebilecek şekilde uygulamanın bir günde ve bir ayda olabileceğini iddia etmek elbette mantıklı olamaz. Böyle bir gösterişçilerin, görüntüyü kurtarmayı siyaset sananların, göz boyamak için alabilecekleri geçici önlemlerin iş bittikten sonra kıymetsizliği meydana çıkacak uygulamalardır. Sabır ile güvenmek gerekir ki, Türkiye Büyük Millet Meclisi ve Hükümeti İstanbul'u ve İstanbul'da yaşayanların hepsini lâyık olduğu şekilde düşünmektedir ve bu insanların bugününü ve geleceğini sağlamak için en olumlu önlemleri alacaktır.

İstanbul'un bizzat Türk ve İslam olan unsurların gönlünde yaşattığı şehir olarak kalması doğal olduğu kadar, o insanların hayatını, rahatlığını sağlayacak vesileleri düşünmek ve uygulamak da gereklidir. Bütün memleketimizin her çalışma şubesindeki memur ihtiyacı düşünülürse İstanbul'da var olan memurlarımızın geleceğe dair hiçbir endişeye düşmelerine yer yoktur. Yeniden uzman memur yetiştirmenin kolay bir şey olmadığını açıklamaya gerek yoktur. Elbette var olan memurlarımız gereği gibi görevlendirilecek ve geçmişte olduğundan daha uygun ve daha rahat şartlar içerisinde çalışma ile yeni Türkiye'yi sağlamlaştıracaklardır. Milletimiz ve milletin fertlerinden olmakla beraber milletin hizmetçisi olan memurlarımız, subaylarımız, daima millet ve vatan sevgisiyle ve büyük bir ruh ve soy temizliği ile donanmışlardır. Bu kadar temiz olan milletin fertlerinden bazılarının gereğinden fazla saf olmaktan başka bir kusur göstermemiş olanlarına karşı görevimiz onları şunun ve bunun kötü idaresi devrinde tesadüfen bulunmuş olmakla sanık yerinde bulundurmak değildir. Belki onları kötü yönetip yönlendirenlerin bir daha aynı devri canlandırmalarına engel olmak gerektiğini içten bir biçimde anlatmak görevimiz olmalıdır."[45]

Mustafa Kemal Paşa Ruşen Eşref (Ünaydın)

---

45. *Vakit* gazetesi, 20 Ocak 1923

"Halk Fırkası Adı Altında Bir Siyasi Kuruluşa Gerek Olduğu İnancındayım..."

İzmit'te İstanbul basınının karşısına çıkan Gazi on gün kadar sonra İzmir basınının karşısına çıkacaktı. *Anadolu, Ahenk, Sedayihak, Şark* ve *Yeni Turan* gazeteleri başyazarlarını kabul etti.

İtilaf Devletleri'nin henüz Türkiye'nin ve Türk halkının varlığının ve gelişiminin kesinlikle mecbur kaldığı şartları kabul edici ve onaylayıcı bir anlayışa gelmedikleri anlaşılıyordu. Bütün medeni milletler ve memleketler için hiçbir zaman söz konusu edilemeyecek olan birtakım istiklali bozan istekleri Türkiye için uygun görmekte olan İtilaf Devletleri'nin gösterdiği inat ve ısrar, bütün dünyanın hayret ve şaşkınlık ile karşılayabileceği bir durumdaydı.

İzmir Yollarında gazetesi, 30 Ocak 1923 günkü nüshasında Gazi'nin söylediklerini kelime kelime yayımladı:

> *"Türkiye tam bağımsızlığını sağlayacak bir barış ister. Bu tamamlanmış görülmedikçe medeni dünyanın insani duygusuna ve memleket ve milletimizin kuvvet ve kudretine dayanarak insanca yaşayabilmek için muhtaç olduğumuz hayat ve istiklal gereklerini sağlayıncaya kadar, başladığımız işte devam olunacaktır. Milletin ciddi kararı budur. Milletimizin bu kararını mutlaka uygulamak için her türlü tedbir zaten güvenle alınmış bulunuyor."*

Ondan sonra halk ile temaslarından oluşan izlenimlere ve Halk Fırkası'na değinerek buyurmuşlardır ki:

"Seyahat ettiğim yerlerde halkın çok içten ve kalpten gösterilerine şahit oldum. Bundan son derece duyguluyum. Birkaç gün kalmak fırsatına sahip olduğum yerlerde doğrudan doğruya halk ile dertleşmelerde bulundum. Ve tamamen anladım ki, halkımız çok uyanık ve gözü açık bir haldedir. Bir devlet tam bağımsızlığına ve bir millet kayıtsız şartsız hâkimiyetine sahip bulunmadıkça o devlet ve millet için hayat, refah ve şeref olamayacağını anlayan ve değer veren milletimiz, bu gerekli şeyleri sağlamadıkça yaşamak mümkün olamayacağına inanmıştır. Milletimizin bütün gerçekleri anlamakta gösterdiği kemâl ve kabiliyet övünmeye değerdir. Artık bu milleti esir ve bu memleketi sömürge veya malikâne yapmak hevesinde bulunanların ne büyük aldanışta oldukları anlaşılır. Memleketin gerçek istekleri ve ihtiyaçlarına tamamen uyan bir barış yapmak imkânı var olduktan sonra, geçmişin kayıplarını az zamanda hızla ve güvenle gidermek zorundayız. Özellikle iktisat ve irfan işinde çok büyük kararlılık ve gayret gerekir. Bu çalışmayı temel ilkelere dayandırmak ve doğru yönlerde art arda gidici kılabilmek için bütün milletin çalışma ve gayretini, düzenli ve verimli kılmak amacıyla barıştan sonra Halk Fırkası adı altında bir siyasi kuruluşa gerek olduğu inancındayım. Bence bizim milletimizin, birbirinden çok farklı yararlar izleyecek ve böylece birbiriyle uğraşacak çeşitli sınıfları yoktur. Var olan sınıflar birbirinin tamamlayıcısıdır. Bundan dolayı Halk Fırkası bütün sınıfların hukukunu ve gelişme ve mutluluk gereklerini sağlamaya uğraşabilir. İzmir'de halk ile genel bir sohbet yapmaya fırsat bulursam bu noktada daha fazla açıklamalar veririm."

Bir yazarın milli hâkimiyetin kısıtlanabilir olup olmadığı hakkındaki sorusuna cevap olarak da, Sayın Paşa hâkimiyetimizin kısıtlanabilir olmadığını söyledikten sonra demişlerdir ki:

> *"Anayasamız temelde buna kefildir. O kanun ki, gelişigüzel şunun ve bunun koyduğu bir kanun, bir yazı olmayıp yazılmadan önce bir milletin işleri ve hareketleriyle ve bunların sonuçlarıyla ifade ve tespit olunduktan sonra üç buçuk seneyi geçen bir zamandan beri başarıyla uygulanmakta olan bir kanundur. Bu kanunun esas maddelerine aykırı olan herhangi bir makama hak ve yetki verilemez. Anayasanın birinci maddesi gereğince hâkimiyet kayıtsız şartsız milletindir. Milletimiz için hiçbir noktasının her ne şekil ve anlamda olursa olsun değiştirilmesine izin verilmek imkânı yoktur. Bu temel ilke milletçe Kur'an bilgileri derecesinde önemlidir. Çünkü Kur'an bilgileri bile bunu doğrular."*

Bunun ardından yazar, Sayın Paşa'dan yeni seçimlerin ne zaman yapılacağını sormuş ve paşa şu cevabı vermişlerdir:

> *"Barış yapmaya İtilâf Devletleri engel olmazlarsa barış şartları Meclisçe onaylandıktan sonra üstlendiği ve büyük şeref ve başarıyla yapmakta bulunduğu tarihi görevlerini tamamlamış olacaktır. Böylece milli amacın kazanılmasına kadar Meclis'in toplanmış bulunmasını gerektiren geçici kanun maddesinin gereği yapılacaktır."*[46]

---

46. *İzmir Yollarında*, 30 Ocak 1923, Sayfa: 67-70

"...Beni Halife Tayin Etseler Derhal İstifamı Verirdim..."

Ünlü Fransız gazeteci Maurice Perno Revue *Le Monde*'da yazıyordu. 29 Ekim 1923 günü Paşa ile yaptığı röportaj sükse yapacaktı:

Mustafa Kemal Paşa, bütün eşyası bir kanepe, iki koltuktan ibaret olan bu küçük odada elini masaya dayamış, ayakta duruyordu. Bana elini uzattı, oturmak için yer gösterdi ve bir sigara verdi, nazikâne bir tavırla beni dinlemeye âmâde olduğunu ihsas etti (sezdirdi). Derhal mevzua geçerek Fransa'nın, istiklalini kaybetmektense ölüme karar vermiş olan bir milletin azim ve cehdini (çabasını) nasıl muhabbetli bir alâka ile takip ettiğini hatırlattım. Mustafa Kemal Paşa:

"*Türkler; memleketinizin muhabbetine itimat edebileceklerini bilirler. Her zaman Fransa hürriyet için kahramanâne mücadelede dünyaya misal teşkil etmiştir*" dedi.

"Fakat..." dedim. "Zat-ı asilânelerine itiraf ederim ki son aylar zarfında Fransızların Türklere hissiyatı daha az umumi idi. Türkiye'nin hasımları vatandaşlarımın muhabbetini Türkiye'nin üzerinden çekip almaya çalıştılar. Ve evvelâ Türk hükümetinin Türkiye'de mekteplerimizin, lisanımızın, nüfuzumuzun inkişafına mâni olacak tedabir ittihaz edeceğini, sonra Türk milliyetperverlerinin güya ecnebi düşmanı olduklarını ileri sürdüler. Bu iki nokta hakkında zat-ı asilâneleri bana tavzihatta (açıklamalarda) bulunabilirler mi?"

Mustafa Kemal Paşa bir saniye düşündü, gözleri uzaklara daldı, dedi ki:

"Mektepleriniz için bu, biraz da eski bir hikâyedir. Fransız mektepleri Türk milletine büyük hizmetler etmiştir. Biz, hepimiz Fransa'nın hars (kültür) membaından (kaynağından) içtik. Ben bile çocukken bir müddet Fransız mektebine gittim. Fakat bazan ecnebi mekteplerinin vazife hudutlarını geçtiğini, rollerinden çıktıklarını, gayri fenni propaganda gayeleri takip ettiklerini ve bunun için halkımızın Türk olmayan unsurlarına istinat ettiklerini gördük."

Bu ithamı derhal kaydettim:

"Bu şikâyet belki bazı ecnebi mektepleri için vârid (akla gelen) olabilir. Merzifon'daki Amerikan mektebını kapattığınız için kimsenin size bir diyeceği yoktur. Fakat Türkiye'de bir Fransız mektebine karşı gerek siyasi gerek dini herhangi bir propaganda isnat edildiğini bilmiyorum."

Paşa hafifçe güldü ve cevap verdi:

"Fransız mekteplerinin ekserisi rahipler ve hemşireler tarafından idare edilmektedir. Şu halde mesleki bir mahiyeti vardır. Binaenaleyh dini bir propaganda bulunduklarından endişe edebiliriz. Maamafih istiyoruz ki mektepleriniz kalsın. Fakat Türkiye'de bizim mekteplerimizin bile hazır olmadıkları imtiyazata (ayrıcalığa) ecnebi mekteplerinin malik olması gayri kabil-i kabuldür (kabul edilemez). Müesseseleriniz, aynı

sınıfta Türk müessesatına mevzu olan kanun ve nizamata riayet ettikçe bâki kalabilir. Zaten bu mesele Ankara murahhısları ile Fransa mümessilleri arasında müzakere ve esaslı prensipler üzerinde itilâf (anlaşma) hâsıl olmuştur."

Bu sırada bir fasıla-i sükût oldu. Mustafa Kemal Paşa sıcaktan başındaki astragan kalpağı çıkardı. Karşımda büsbütün başka bir adam gördüğümü zannettim. Sarışın ince saçları kalpak altında göremediğim geniş ve taazzuv etmiş (biçimlenmiş) alnını açık bırakıyordu. Kendi kendime karşımda bir Türk mü yahut bir Slav mı mevcut olduğunu düşündüm. Yavaş yavaş evvelâ bilâ ihtiyar kapalı duran bu çehre canlandı, sesteki ihtizazlar (gönül rahatlığı) değişti. Paşa devam etti:

"İkinci ecnebi düşmanlığı noktasına gelince: Şu bilinsin ki, biz ecnebilere karşı herhangi hasmâne (düşmanca) bir his beslemediğimiz gibi onlarla samimâne münasebatta bulunmak arzusundayız. Türkler bütün medeni milletlerin dostlarıdır. Ecnebiler memleketimize gelsinler, bize zarar vermemek, hürriyetlerimizi müşkülât irâsına (çıkartılmasına) çalışmamak şartıyla burada daima hüsn-ü kabul göreceklerdir. Maksadımız yeniden mukarenet (yakınlık) peydâ etmek, bizi başka milletlere bağlayan revabıtı (bağları) tezyit etmektir (artırmaktır). Memleketler muhteliftir, fakat medeniyet birdir ve bir milletin terakkisi için de bu yegâne medeniyet birdir ve bir milletin terakkisi için de bu yegâne medeniyete iştirâk etmesi lâzımdır. Osmanlı İmparatorluğu'nun sukutu (düşmesi), Garba karşı elde ettiği muzafferiyetlerden çok mağrur olarak kendisini Avrupa milletlerine bağlayan rabıtaları kestiği gün başlamıştır. Bu bir hatâ idi, bunu tekrar etmeyeceğiz.

Memleketimizi asrileştirmek istiyoruz. Bütün mesâimiz (çalışmamız) Türkiye'de asri, binaenaleyh Garbi bir hükümet vücuda getirmektir. Medeniyete girmek arzu edip de Garbe teveccüh etmemiş (yönelmemiş) millet hangisidir? Bir istikamete yürümek azminde olan ve hareketinin, ayağında bağlı zincirlerle işkâl edildiğini (güçlük çıkarıldığını) gören insan ne yapar? Zincirleri kırar, yürür. Fakat tahaddüs eden (ortaya çıkan) vekayi, Türkiye'nin bilâ kayd-ü şart hâkimiyet-i müstakillesine sahib olması neticesine vardı. Bundan sonra memleketimize gelecek ecnebiler, samimiyetle bizi hüküm ve esaretlerine almaktan feragat ederlerse hüsn-ü kabul göreceklerdir. İlga edilen (kaldırılan) uhud-u atika (eski ahidler) Türk milletinin bir hezimeti neticesi değildi. Bu Türkiye'ye zorla kabul ettirilmiş bir boyunduruk değil, padişahımızın birkaç ecnebi devlete kemal-i lütf ve mürüvvetle (tam bir lütuf ve insanlıkla) takdim ettikleri bir hediye idi. Devletler bu hediyeden aleyhimize istifade ettiler. Uhud-u atika memleketimizi fakra (yoksulluğa) düşürdü, harab etti. Eğer ecnebi düşmanlığından, o kadar pahalı elde edilen bir istiklale halel (bağımsızlığa zarar) verecek her şeyden nefret manası çıkarılıyorsa, evet, bizim ecnebi düşmanı olduğumuz söylenebilir. Size açıkça söyledim ve sonuna kadar açıksözlü olacağım. Henüz emniyetimiz yerinde değildir, evvelce Türkiye'de ecnebi teşebbüsatının, ecnebi maksatlarının bize telkin ettiği endişeler kâmilen zâil olmuş (tam olarak ortadan kalkmış) değildir. Eğer bazan ihtiyatkâr hareket ediyorsak, ifrat (aşırı) derecede şüpheli davranıyorsak, bize çok pahalıya mal olan hürriyetimizi kaybetmek hususundaki korkumuzdandır."

Bu son sözler nazar-ı dikkatimi celbeden bir samimiyet ve bir azimle söylendi. Mustafa Kemal Paşa yeni bir suale intizar ediyordu. Dini mesele hakkındaki fikirlerini dinlemek merakında idim. Bu vadide ittihaz edilen (alınan) bazı tedabirden ne maksat takib edildiğini izah etmesini rica ettim:

"İttihaz ettiğimiz (aldığımız) bütün tedbirler bir cümle ile hülâsa edilebilir (özetlenebilir): Hâkimiyet-i milliyeyi ilân ettik. Kelimeler üzerinde oynamıyalım. Bugünkü Türk hükümeti az çok cumhuriyettir. Bu bizim hakkımızdır; fenalık nerede? Menşelerimizi hatırlayınız. Tarihimizin en mes'ut devresi hükümdarlarımızın halife olmadıkları zamandır. Bir Türk padişahı, hilâfeti her nasılsa kendisine mal etmek için nüfuzunu, itibarını, servetini istimal etti. Bu sırf bir tesadüf eseriydi. Peygamberimiz tilmizlerine (öğrencilerine) dünya milletlerine İslamiyet'i kabul ettirmelerini emretti, bu milletlerin hükümeti başına geçmelerini emretmedi. Peygamberimizin zihninden aslâ böyle bir fikir geçmemiştir. Hilâfet demek, idare, hükümet demektir. Hakikaten vazifesini yapmak, bütün Müslüman milletlerini idare etmek isteyen bir halife, buna nasıl muvaffak olur? İtiraf ederim ki bu şerait dahilinde beni halife tâyin etseler derhal istifamı verirdim... Fakat tarihe gelelim, hakayıkı (gerçeği) tetkik edelim, Araplar Bağdat'ta bir hilâfet tesis ettiler, fakat Cordou'da bir hilâfet daha vücude getirdiler. Ne Acemler, ne Afganlılar, ne Afrika Müslümanları İstanbul halifesini aslâ tanımadılar. Bütün İslâm milletleri üzerinde ulvi vazife-i ruhaniyesini ifa eden yegâne halife fikri hakikaten değil, kitaplardan çıkmış bir fikirdir. Halife hiçbir zaman Roma'daki Papa'nın Katolikler üzerindeki kuvvet ve iktidarını gösterememiştir. Son ıslahatımızın sebep olduğu tenkitler, gayr-ı hakiki mevhum bir fikirden, ittihad-ı İslam (İslam birliği) fikrinden mülhemdir. Bu fikir aslâ hakikat olmamıştır. İlâve edelim ki İslam âleminde Türkler halifenin maddi ihtiyaçlarını fiilen temin eden yegâne millettir. Cihanşümûl bir hilâfeti terviç

edenler (üzerlerine alanlar), şimdiye kadar her türlü iştirakten mücanebet etmişlerdir (uzak kalmışlardır). O halde ne iddia ediyorlar? Yalnız Türkler bu müessesenin hamulesine (yüküne) tahammül etsinler ve yine yalnız onlar halifenin nüfuz-u hâkimanesine riayet etsinler... Bu iddia müfritanedir (aşırıdır)."

"Şu halde yeni Türkiye'nin siyasetinde dine mugayir (aykırı) hiçbir temayül ve mahiyet olmayacak demek?"

"Siyasetimizi dine mugayir olmak şöyle dursun, din nokta-ı nazarından eksik bile hissediyoruz."

"Zat-ı asilâneleri, düşündüklerini bendenize daha iyi izah buyururlar mı?"

"Türk milleti daha dindar olmalıdır, yani bütün sadeliği ile dindar olmalıdır, demek istiyorum. Dinimiz –bizzat hakikate nasıl inanıyorsam buna da öyle inanıyorum– şuura (akla) muhalif, terakkiye (ilerlemeye) mâni hiçbir şey ihtiva etmiyor. Halbuki Türkiye'ye istiklalini veren bu Asya milleti içinde daha karışık sun'i, itikadat-ı bâtıladan (bâtıl inanışlardan) ibaret bir din daha vardır. Fakat bu cahiller, bu âcizler sırası gelince tenevvür edeceklerdir (aydınlanacaklardır). Eğer ziyaya (ışığa) takarrüp edemezlerse (yaklaşamazlarsa) kendilerini mahv ve mahkûm etmişler demektir. Onları kurtaracağız."[47]

---

47. *Akşam* gazetesi, 11 Şubat 1924

Atatürk'ün 1923'te Amerikalı Gazeteciye Verdiği Röportaj

1923 yılının Temmuz ayı... Amerikan *The Saturday Evening Post* dergisi yazarlarından Isaac F. Marcosson, Ankara'ya gelmiş ve Mustafa Kemal Atatürk'le bir röportaj yapmıştı. Söyleşi ile yazarın Anadolu izlenimlerinden oluşan yazı derginin 20 Ekim 1923 tarihli sayısında yayımlanmıştı.

Atatürk'ün söyleşide verdiği cevaplar ise Anadolu Hareketi'nin bütün derinliğini ve Ata'nın emperyalizme bakışını çok iyi anlatıyor:

"Emperyalizm ölüme mahkûmdur. Demokrasi insan ırkının ümididir..."

Marcosson'un izlenimlerinden oluşan yazı Prof. Ergun Özbudun tarafından *Atatürk Araştırma Merkezi Dergisi*'nin 1 Kasım 1984 tarihli birinci sayısında Türkçe olarak yayımlanmıştı. İşte internet medyasında ilk kez Haber3.com'da yayımlanan o söyleşi:

"TÜRK HÜKÜMETİ DÜNYADAKİ EN DEMOKRATİK HÜKÜMETTİR!"

Atatürk: Geldiğinize çok memnun oldum. Biz, Amerikalıları Türkiye'de görmek istiyoruz; çünkü özlemlerimizi en iyi onlar anlayabilirler. Size ne söylememi istiyorsunuz?

Muhabir: İlkin... Bana, Amerikan halkı için bir mesaj verebilir misiniz?

Atatürk: Memnuniyetle. Birleşik Devletlerin ideali, bizim de idealimizdir. Büyük Millet Meclisinin 1920 Ocağında ilân ettiği Milli Misakımız, sizin Bağımsızlık Beyannamenize çok benzer. O, sadece, Türk ülkesinin istiladan kurtulmasını ve kendi kaderimize hâkim olmamızı ister. Bağımsızlık, hepsi bu. O, halkımızın misakı, anayasasıdır ve ne pahasına olursa olsun, bu misakı korumaya kararlıyız.

Türkiye de, Amerika da, demokratik rejimlerdir. Gerçekten, şu andaki Türk Hükümeti, dünyadaki en demokratik hükümettir. Halkın mutlak egemenliğine dayanır ve onun temsilcisi olan Büyük Millet Meclisi, yargı, yasama ve yürütme organıdır. Kardeş demokrasiler olarak, Türkiye ile Amerika arasında en sıkı ilişkiler olmalıdır.

Ekonomik ilişkiler alanında Türkiye ile Birleşik Devletler, her iki taraf için de en büyük yarar sağlayacak şekilde, birlikte çalışabilirler. Zengin ve çeşitli milli kaynaklarımızın, Amerikan sermayesi için çekici olması gerekir. Biz, gelişmemizde Amerikan yardımını memnuniyetle karşılarız; çünkü bütün başka ülkelerin sermayesinden farklı olarak Amerikan parası, Avrupa milletlerinin bizimle ilişkilerine can veren siyasal entrikalardan uzaktır. Başka bir ifadeyle Amerikan sermayesi, yatırılır yatırılmaz bayrağını çekmeye kalkmaz.

Amerika'ya olan inanç ve güvenimizin somut bir delilini, Chester İmtiyazını vermek suretiyle gösterdik. Gerçekten bu, Amerikan halkına bir teveccühtür.

Hayatım boyunca, Washington ve Lincoln'ün hayat ve eserlerinden ilham aldım. İlk on üç devletle yeni Türkiye arasında ilginç bir benzerlik vardır. Sizin atalarınız, İngiliz boyunduruğunu kaldırıp attı. Türkiye de, üzerindeki bütün rüşvet ve yiyicilikle birlikte taşıdığı eski imparatorluk boyunduruğunu, daha da kötüsü başka milletlerin bencil müdahalelerini kaldırıp attı. Biz şimdi, yeni bir milletin doğuşuna şahit olan bir doğum sürecinin içindeyiz. Amerikan yardımıyla amacımıza ulaşacağız.

Biliyor musunuz, Washington ve Lincoln niçin beni daima etkilemişlerdir? Söyliyeyim size. Onlar, sadece Birleşik Devletlerin şerefi ve kurtuluşu için çalıştılar; oysa, öbür başkanların çoğu, öyle görünüyor ki, kendilerini tanrılaştırmaya çabaladılar. Kamu hizmetinin en yüksek şekli, bencil olmayan çabadır.

YENİ İSLAMCILIK VE YENİ TURANCILIK YANLIŞ

Muhabir: Sizin için devlet yönetiminde ideal nedir? Başka bir deyişle, Pan-İslâmizm ve Pan-Turanizm fikirlerine hâlâ inanıyor musunuz?

Atatürk: Kısaca söyleyeyim. Pan-İslâmizm, din ortaklığına dayanan bir federasyon demekti. Pan-Turanizm ise, ırka dayanan aynı çeşit bir çaba ve ihtiras ortaklığını temsil ediyordu. Her ikisi de yanlıştı. Pan-İslâmizm fikri, asırlar önce Viyana kapılarında, Türklerin Avrupa'da ulaştıkları en kuzey noktada öldü. Pan-Turanizm de, Doğu ovalarında mahvolup gitti. Bu hareketlerin her ikisi de yanlıştı; çünkü, kuvvet ve emperyalizm anlamına gelen fetih fikrine dayanıyorlardı. Uzun yıllar emperyalizm, Avrupa'ya hâkim oldu. Ancak emperyalizm ölüme mahkûmdur. Bunun cevabını, Almanya'nın, Avusturya'nın, Rusya'nın ve geçmişteki Türkiye'nin yıkılışında bulursunuz. Demokrasi, insan ırkının ümididir.

Bir Türk'ün ve savaş için yetişmiş benim gibi bir askerin böyle konuşması size garip gelebilir. Oysa, yeni Türkiye'nin temelindeki fikir aynen budur. Biz, zor kullanma, fetih istemiyoruz. Yalnız bırakılmamızı ve kendi ekonomik ve siyasal kaderimizi kendimizin tayin etmesine müsaade edilmesini istiyoruz. Yeni

Türk demokrasisinin tüm yapısı, bunun üzerine kuruludur; şunu da ilâve edeyim ki, bu demokrasi, Amerikan düşüncesini temsil eder; şu farkla ki, siz kırk sekiz devletsiniz, biz bir tek büyük devletiz.

Yüzlerce yıl boyunca Türk İmparatorluğu, Türklerin azınlıkta olduğu karmaşık bir insan yığınıydı. Daha başka sözde azınlıklarımız da vardı ve bunlar, sıkıntılarımızın büyük kısmının kaynağı olmuşlardı. Bu ve eski fetih düşüncesi... Türkiye'nin gerilemesinin bir sebebi, bu güç yönetim işi yüzünden kendisini tüketmiş olmasıydı. Eski İmparatorluk çok büyüktü ve her an kendisini problemlere açık buluyordu.

Oysa, eski kuvvet, fetih ve yayılma fikri, Türkiye'de ebediyen ölmüştür. Eski İmparatorluğumuz, Osmanlıydı. Bu da, kuvvet ve zor demekti. Bu artık anlamını kaybetmiştir. Biz şimdi Türk'üz, yalnızca Türk. İşte bunun içindir ki, Woodrow Wilson'un gayet iyi ifade ettiği self-determinasyon idealine dayanan, Türklere ait bir Türkiye istiyoruz. Bu, milliyetçilik demektir ama, Avrupa'nın pek çok yerlerinde self-determinasyonu engelleyen bencil türden bir milliyetçilik değil. Ne de keyfi gümrük duvarları ve sınırlar demek. Bizim milliyetçiliğimiz, ticarette açık kapıyı, ekonominin yeniden canlandırılmasını, bir vatanda beliren gerçek anlamda ülkesel bir vatanseverliği ifade eder. Kan ve fetihle dolu bunca yıldan sonra nihayet Türkler, bir anavatana kavuşmuşlardır. Bunun sınırları belirlenmiş, dert kaynağı olan azınlıklar dağıtılmıştır; işte bu sınırların içinde mevkimizi korumak ve kendi kurtuluşumuz için çalışmak istiyoruz. Kendi evimizin efendileri olmak istiyoruz.

Biliyor musunuz, Avrupa'da barışı ve yeniden inşayı engellemiş olan şey nedir? Sadece şu: Bir milletin diğerine müdahalesi. Daha önce bahsettiğim, haris, bencil milliyetçiliğin bir parçası. Bu, ekonominin yerine siyasetin geçmesi sonucunu doğurmuştur. Alman tamirat tazminatı kördüğümü, bunun yalnızca bir örneğidir. Küçük çaplı siyaset, dünyanın baş belasıdır.

Bizim güçlükle kazandığımız Türk bağımsızlığını engellemeye çalışan, milliyetçiliğimizi kötüleyen, bunun doğu komşularımızı fethetme arzusunu maskeleyen bir kamuflajdan ibaret olduğunu söyleyen, ekonomiyi yönetecek yetenekte olmadığımızı ileri süren milletler var. Bakalım, göreceğiz.

Yeni Türkiye'nin ilk ve en önemli düşüncesi, siyasal değil, ekonomiktir. Biz, dünya üretiminin de tüketiminin de bir parçası olmak istiyoruz.

Muhabir: Birleşik Devletler, sizin bu yeni Türkiye'nize somut olarak ne gibi yardımlarda bulunabilir?

Atatürk: Türkiye, temelde bir tarım ülkesi. Başarı veya başarısızlığımız tarıma bağlı. Canlandırma programında başlıca üç faaliyet önde geliyor. Bunlar, tarım, ulaştırma ve sağlık; çünkü köylerimizdeki ölüm oranı, dehşet verecek kadar yüksek. İlkin tarımı alalım. Birincisi, tarım okulları açmak ki bunda Amerika yardımcı olabilir, ikincisi traktör ve diğer modern tarım makinelerine yer vermek suretiyle, tamamen yeni bir tarım bilimi geliştirmek zorundayız. Pamuk gibi yeni ürünleri geliştirmemiz, tütün gibi eski ürünleri de yaygınlaştırmamız gerekiyor, ister karayolunda, ister çiftlikte olsun, motor bizim ilk yardımcımız olacaktır.

Ulaşım da aynı derecede hayatidir. Dünya Savaşı'ndan önce Almanlar, Türkiye'nin ulaşımı için kapsayıcı bir plân hazırlamışlardı; ancak bu, ülkenin onlar tarafından ekonomik bakımdan sömürülmesi fikrine dayanıyordu. Almanlardan kurtulduğumuza memnunum; benim açımdan da, hiçbir zaman bu otoriteyi tekrar ele geçirebilecek değillerdir. Çok ihtiyaç duyduğumuz demiryollarımızı geliştirmek için gözlerimizi Amerika'ya çevirdik. Onlara Chester İmtiyazını vermemizin bir sebebi bu. Bu imtiyazın bizim için ne ifade ettiğini Amerikalıların anlayacaklarını ümid ediyorum. Bu, sadece yeterli bir ulaşım değil, aynı zamanda yeni limanların inşası ve milli kaynaklarımızın, özellikle petrolün işletilmesi ümididir.

Sağlık konusunda zaten, kabinemizin bir unsuru olarak, bir Sağlık Bakanlığı kurduk; çocuk ölümlerini önlemek için her türlü çaba gösterilecektir. Bu konuda da gene Amerika yardımcı olabilir.

Ekonomiden söz ederken, yeni Türkiye için hayati önem taşıyan başka bir soruna da değineyim. Geçmişte Türkiye'nin trajedisi, büyük Avrupa devletlerinin, onun ticari gelişmesi konusunda birbirlerine karşı olan bencil tutumlarıydı. Bu, büyük imtiyazlar koparma oyununun kaçınılmaz sonucuydu. Devletler, ahır yemliğindeki köpekler gibiydiler; kendi istediklerine ulaşamadıkları zaman, rakiplerini de bundan uzak tutmaya çalışıyorlardı. Yıllardır Çin'de olup bitenler de aynen böyledir; ancak onlar, Türkiye'yi Çin'e çeviremeyeceklerdir. John Hay tarafından ortaya atılmış bulunan, herkese açık kapı ve herkes için fırsat eşitliği üzerinde ısrar edeceğiz. Eğer Avrupa devletleri bu usûlden hoşlanmazlarsa, bunun dışında kalabilirler.

Muhabir: Dünyanın bugünkü hastalığı için ilâcınız nedir?

Atatürk: Aptalca şüphe ve güvensizlik değil, akıllıca işbirliği...

Muhabir: Milletler Cemiyeti bir çare mi?

Atatürk: Hem evet, hem hayır... Cemiyetin hatası, bazı milletleri yönetmek, diğer milletleri de yönetilmek üzere ayırmış olmasıdır. Wilson'un self-determinasyon fikri, garip şekilde ortadan kalkmış görünüyor.

Muhabir: Türkiye'nin Milletler Cemiyeti'ne girmesine taraftar mısınız?

Atatürk: Şarta bağlı; ancak şu andaki işleyiş şekliyle Cemiyet, bir deneme niteliğini sürdürmektedir.

KADINLAR HAKKINDA NELER SÖYLEDİ?

"...Kadınlarımız, eğitimde ve çalışmada erkeklere eşit olmalı. İslamiyet'in en eski günlerinden beri, kadın bilginler, yazarlar, hatipler ve bunun gibi okul açıp ders veren kadınlar olmuştur. Hatta İslam Dini, kadınlara, kendilerini erkeklerle aynı derecede eğitmelerini emreder. Yunanlılarla olan savaşta Türk kadınları, cephedeki erkeklerin yerine geçerek evlerinde her türlü işi yapmış, hattâ ordunun ikmal ve mühimmat taşınması işini üstlenmişlerdir. Bu, gerçek bir sosyolojik prensibin, yani toplumu daha iyi ve daha güçlü kılmak için kadınların erkeklerle işbirliği etmesi gerektiği prensibinin bir sonucu olmuştur. Türkiye'de kadınların hayatlarını tembellik ve aylaklık içinde geçirdikleri sanılmaktadır. Bu bir iftiradır. Büyük şehirler hariç, Türkiye'nin tümünde kadınlar, erkeklerle yanyana tarlalarda çalışmakta ve genel olarak milli çalışmaya katılmaktadırlar. Sadece büyük şehirlerde Türk kadınları kocalarınca kapatılmaktadır. Bu da kadınlarımızın, dinin emrettiğinden daha fazla örtünüp kapanmalarından ileri gelmektedir. Gelenek, bu noktada fazla ileri gitmiştir."

MUHABİRİN İZLENİMLERİ

Yazarın –Lozan Antlaşması arifesinde– İstanbul'dan hareketle Mudanya-Bursa üzerinden Ankara'ya gelişi, Ankara'daki temasları ve Mustafa Kemal Paşa ile görüşmesi, Türkiye'nin kuruluş yıllarındaki birçok ilginç olayı da sergilemektedir. İşte muhabirin izlenimleri:

Savaş içinde doğmuş olan Türk Devletinin kritik bir saatinde, bu kişiyle Ankara'da konuştum. Lozan Konferansı dağılmak üzereydi. Savaş veya barış hâla boşlukta sallanıyordu. Daha dün Başvekil Rauf Bey bana şunları söyledi: "Eğer Müttefikler savaş istiyorlarsa, istediklerini elde edebilirler."

Hava, gerginlik ve belirsizlik doluydu. Sıkıntılı çevrenin üzerinde, kendisini görmek için bu kadar yol gittiğim şefin tâviz vermez varlığı dolaşıyordu. Hükümetin kendisi gibi, olaylar da onun etrafında dönüp duruyordu.

Seyahatin güçlüğü, çevrenin çetin ve dramatik karakteri açısından Anadolu, bir yıl önce Sun Yat-sen'i görmek için yaptığım Güney Çin cephesi gezisini çok andırıyordu. Onunla Kemal arasında belli bir benzerlik vardır. Her ikisi de, bir çeşit ilhamla dolu liderlerdir. Her ikisinde de, yıkılmış imparatorlukların yan ürünü olan o alevli bağımsızlık ideali mevcuttur. Paralellik burada sona eriyor. Kemal, kan ve demirden bir insan, bir doğu Bismarck'ı; sebatkâr, acımasız, yenilmez. Oysa Sun Yatsen, rüya ve hülya içinde, kaderin ebedi oyuncağı; atasözündeki kedinin ne kadar çok canı varsa, onun da o kadar çok siyasal hüviyeti –hattâ ekleyebilirim ki, o kadar çok hükümeti– var.

Türkiye Türklerindir

Bu kişiler ne kadar farklıysa, arkalarındaki milletler de o kadar farklı. Çarpıcı bir karşıtlık da burada. Çin, bencil amaçların bitmek bilmez çatışması ve liderlik yokluğu yüzünden, inanılmaz denilebilecek bir siyasal kaos içinde çalkalanırken; Türkiye, uzun ve kanlı tarihinde ilk defa, belirli sınırlara, gerçek bir vatana ve Müslüman dünyasının kaderine şekil verebilecek –bu arada Amerika'nın Yakın Doğudaki ticari özlemlerini de etkileyebilecek– bir milliyetçi hedefe sahip, homojen bir millet olarak ortaya çıktı. Yeni slogan, "Türkiye, Türklerindir". Bütün bu hayret verici evrimin aracı ve ilham kaynağı Kemal Paşadır; 1919'da Türkiye'nin, yenilgi ve iflâs sonucu, olabileceği kadar düşkün olduğu hatırlanırsa, bu neredeyse bir mucizedir.

Türkiye gezimin gerçek hedefi oydu. Parlayan cami ve minareleriyle perişanlık içindeki haşmetine rağmen hâlâ şehirlerin kraliçesi olan İstanbul'un kendine özgü cazibesi vardı ama, Haliç kıyılarına vardığım andan itibaren benim ilgim Ankara'da toplanmıştı.

Bu tutkunun gerçekleştirilebilmesi için güç bir zaman seçmiştim. Görünüşe göre, Lozan Konferansı çıkmaza girmişti; uzun zamandan beri beklenen barış, her zamankinden dana uzak görünüyordu. Savaş hali, hâlâ devam ediyordu. İşgal ordusu, sokaklara savaşçı bir renk ve hava verirken, büyük bir Müttefik donanması da ya Boğazda demirli duruyor veya Marmara denizinde atış tatbikatına çıkıyordu. Anadolu tepelerindeki başkente ulaşmak daha da güçleşmişti.

Her engel, sonu gelmez bürokratik bağlarla sürüp gidiyordu. Çabuk iş görmek isteyen bir Amerikalı için böyle bir kombinezon bir felâketti. Daha sonraki deneyimlerim, Kipling'in, Doğu ülkelerindeki enerjik bir Yankee'nin akıbetini anlatan ünlü hikâyesindeki gerçeği doğruladı. Adamın mezar taşında şöyle yazılıydı: "Doğuyu acele ettirmeye çalışan ahmak, burada yatıyor."

Mizaçtan ve diğer şeylerden kaynaklanan bütün bu engellere ek olarak Türkler, Chester imtiyazının gerçekleştirilmesinin, kâğıt üzerinde göründüğü kadar kolay olmayacağını anlamaya başlamışlardı ve bu da onları tedirgin ediyordu. Ankara'ya gidiş izni alabilmiş en son sivil, vesikasını –vizenin Türkçe adı– alabilmek için, İstanbul'da yedi hafta beklemek zorunda kalmıştı. Diğer iki üç kişi ise, dört haftalık meraklı ve sonuçsuz bekleyişten sonra, öfkeyle ülkelerine dönmüşlerdi. Başarı ümidi parlak değildi.

İstanbul'daki ilk günümde, Amerikan Yüksek Komiseri Amiral Mark L. Bristol'e saygı ziyaretinde bulunduğumda, kendisinden Ankara'ya gidebilmem için yardım istedim. Bana hemen, o zamanlar Ankara'nın İstanbul'daki baş temsilcisi olan Dr. Adnan Beye bir takdim mektubu verdi; bütün izin belgeleri ondan geçiyordu.

Dışişleri Bakanlığının bulunduğu ve Türk tarihinin pek çok uğursuz olayına sahne olan ünlü Babıâli'de kendisini görmeye gittim. Kızıl Sultan Abdülhamid'in kirli âletleri ve işbirlikçileri, günlerini burada geçirmişlerdi. Yapının, tarihteki zengin kardeşi Ayasofya Camii kadar heybetli olacağını umuyordum. Oysa, mimari güzellikle en küçük ilgisi olmayan ve temizlenmeye şiddetle muhtaç, kirli, düzensiz yayılma gösteren, sarı bir bina karşıma çıktı.

Adnan Beyin şahsında ilk Türk müttefikimi buldum. Üstelik, kendisinin geniş ve cömert görüşlü, tecrübeli bir kişi olduğunu da keşfettim. Milliyetçi hareketin güç günlerinde Kemal'in ilk yardımcılarından biri oluşu nedeniyle, Ankara Hükümetinin ilk başkan vekili olmuştu. Ayrıca, başka bir nedenden dolayı da şöhreti vardı; Türkiye'nin önde gelen kadın reformcusu ünlü Halide Hanımın kocasıydı.

Gidiş iznim için Ankara'ya hemen bir telgraf çekti. Somut olarak bu izin, İstanbul Polis Müdürlüğünce verilen bir belgede -yukarıda değinilen vesikada- ifadesini buluyordu. Dünya Savaşı günlerinde, sahibine cepheye gitme imkânını veren ve beyaz paso adı verilen bu belgeyi elde etmek güç bir işti. Şimdi anlayacaktım ki, peşinde koştuğum Ankara'yı ziyaret izniyle kıyaslandığında bu paso, halka dağıtılan el ilânları kadar kolay sağlanır bir şeydi.

Adnan Bey, Ankara'dan yaklaşık üç gün içinde cevap alacağını söyledi. Anlıyordum ki, üç gün, Rusça seichas kelimesine benziyordu; bu kelime, sözlük anlamı olarak "hemen" demekti ama, kendi ülkelerindeki faaliyetler, daha doğrusu faaliyetsizlikler, hakkında kullanıldığı zaman genellikle "gelecek ay" anlamına geliyordu.

Bürokratik Güçlükler

Bir hafta geçtikten sonra Amerikan Elçiliği, Babıâli'den, müracaatıma bir cevap gelip gelmediğini sordu; hiçbir cevap gelmemişti. Birkaç gün sonra Türk memurları çılgına döndüler. İngiliz, Fransız ve İtalyan vatandaşları dışında hiçbir yabancının, Ankara'nın rızası olmadıkça İstanbul'a girip çıkamıyacakları hakkında bir emir çıkarılmıştı. Mevcut izin belgeleriyle Paris veya Londra'dan yola çıkmış kişiler, –ki içlerinde bazı Amerikalılar da vardı– Türk sınırında bekletiliyorlardı; oysa emir, onlar yola çıktıktan sonra çıkarılmıştı. Amiral Bristol'ün vaktinde ve ısrarlı çabaları sonucu, sınır yasağı Amerikalılar için kaldırıldı. Bir gün içinde Ankara, protesto ve başvuru telgraflarına boğulmuştu; ben de, kendi dilekçemin, yeni ve artan kargaşa içinde tümden kaybolmuş olacağını düşünüyordum.

Bu arada, İngilizce, Fransızca ve Almancayı akıcı şekilde konuşan Reşat Bey adında iyi, dürüst bir Türk gencini dragoman, yani kurye ve tercüman olarak sağlamıştım. Hiçbir yabancı, böyle bir yardımcı olmaksızın Ankara'ya gidemez; çünkü tek tük yerler dışında, Anadolu'da konuşulan tek dil Türkçedir. Aslında Reşat Bey, Ankara'da bir yıl Amerikan konsolosluğu yaptıktan sonra daha yeni emekliye ayrılmış bulunan Robert Imbrie'den miras kalmıştı. Reşat Bey onun tercümanıydı. Imbrie ile yakın temasları sayesinde Amerikan âdetlerini öğrenmişti; gecikmeden dolayı duyduğum sabırsızlığı da gayet iyi anlıyordu. Onun da Ankara'da büyük etkisi vardı; benim için arkadaşlarına birkaç telgraf çekmişti.

İkinci haftanın sonunda Amiral Bristol, iznimin çabuklaştırılması için Adnan Beye kişisel bir müracaatta bulundu ve Babıâli'den Ankara'ya sert bir ikinci telgraf gitti. Tanıştığım diğer Türkler ve Amerikalılar da telgrafla başvurularını buna eklediler. Şüphesiz başka işlerim de vardı ama önümdeki zaman kısıtlıydı ve herşey bir yana, Kemal bu gezimin başlıca ödülüydü; onunla görüşmeye kararlıydım. Bu yüzden Temmuz başlarında Reşat Beyi, durumun ne olduğunu öğrenmek için Ankara'ya gönderdim. Ayın dördüncü gününün sabahında yola çıktı. Elçilikteki Bağımsızlık Günü töreninden otele döndüğümde, Reşat Beye hitaben Ankara'da hükümetteki arkadaşlarından birinden benim adresime gönderilmiş bir telgraf buldum; Ankara'ya gidiş iznimin, dokuz gün önce tellendiğini söylüyordu. Oysa önceki gün Babıâli Ankara'dan isteğim hakkında hâlâ ses çıkmamış olduğunu bildirmişti.

Araştırınca anladım ki, Polis Müdürlüğündeki bürokrasi yumağı içersinde önemli telgraf, bir kâğıt yığınının altına atılmıştı; talebim üzerine başlatılan uzun bir arama, sabırsızlıkla beklenen mesajı ortaya çıkarana kadar da kimse, onun hakkında bir şey bilmiyordu. Bu, tipik bir Türk usûlüydü; tam Çin'in herhangi bir yerindeki "bir resmi dairede" vuku bulabilecek cinsten. Reşat Bey dönüp de durumu bana bildirmeden önce, vesika elime geçmişti ve harekete hazırlanıyordum.

Bu ilk adım güçtü ama, asıl seyahatin hemen her merhalesi de eşit derecede güçlüklerle doluydu. Gene resmi bir Türk kararnamesiyle başım derde girecekti. Eğer bir Türk olsaydım normal şartlar altında, araba vapuruyla İstanbul'un hemen karşısında Boğazın karşı kıyısında olan ve çok tartışılmış Berlin-Bağdad Demiryolunun Anadolu bölümünün başlangıç noktasını teşkil eden Haydarpaşa'dan trene binebilir ve yaklaşık yirmi yedi saatte vasıta değiştirmeksizin Ankara'ya varabilirdim. Oysa, 250.000 kişiden hayli fazla olan tüm Türk Ordusu, İzmit'in ötesinde demiryolu boyunca seferber edilmişti. Hiçbir yabancıya bu seyahati yapma izni verilmiyordu. Nisbeten – "nisbeten"i bile bile söylüyorum– kolay olan bu demiryolu yolculuğu yerine yabancı, gemiyle Mudanya'ya sonra trenle Bursa'ya, daha sonra bütün gün otomobille Anadolu ovasını geçerek Karaköy'e gitmek, orada da Haydarpaşa trenini beklemek zorundaydı. Yirmi yedi saat yerine, benim de yaptığım bu yolculuk, tam elli beş saat sürdü.

Parlak güneşli bir pazartesi sabahı İstanbul'dan Ankara'ya hareket ettim. Amiral Bristol, Yüzbaşı T.H. Robbins komutasındaki bir denizaltı avcı botunu emrime vermişti; böylece kalabalık ve hiç de temiz olmayan yolcu vapurundan kurtulabildik. Yanımda, Mütarekeden sonra Türkiye'deki ilk Amerikan Yüksek Komiseri olan ve şimdi de Ankara'da ticari bir görevi bulunan Lewis Heck ve sadık Reşat Bey olduğu halde, Marmara denizini geçerek Mudanya yolculuğunu dört saatte yaptım ve öğleyin oraya vardım. 1922 Kasımına kadar Mudanya, Türkiye haritasında bir noktadan ibaretti. Yunan yenilgisinden sonra, İngiliz ve Türk Orduları Çanakkale'de fiili bir çatışmadan birkaç metre uzaktayken ve iki devlet arasında savaş kaçınılmaz görünürken, Türkiye'deki İngiliz Kuvvetleri Kumandanı General Sir Charles Harrington ve İsmet Paşa –Lozan'da Müttefik delegeleriyle böyle neşeli bir kovalamaca oynayan İsmet– burada buluştular ve birinci Lozan Konferansı'nın öncüsü olan ünlü mütarekeyi burada gerçekleştirdiler.

Madam Brotte ve Oteli

Köy, bir gece içinde üne kavuştu. Konferansın yapıldığı rıhtımın yanındaki küçük taş evde halen bir Türk ailesi oturuyor ve çocuklar evi doldurup taşırıyor.

Kırk millik Bursa yolculuğunu, günde iki kere sefer yapan oyuncak trenle yapacak yerde, Bursalı bir tüccarın yeni almış olduğu yepyeni bir Amerikan arabasıyla seyahat ettik; gelmesi telgrafla emredilmiş olan bu araba, limanda bizi bekliyordu. Tepeler, zeytin ağacı yığınlarından görünmüyordu; vadilerde ise bol bol tütün ve mısır yetişiyordu. Anadolu köylüsü, tutumlu ve çalışkan bir kişidir; herhalde daha Yunan askeri araçları gözden kaybolurken, yeniden inşa faaliyetine başlanmış olmalıdır.

Müezzinler minarelerden akşam namazı çağrısını yapmazdan çok önce Bursa'ya, hâlâ ticari önemini koruyan Türkiye'nin eski başkentine vardım. Gece Hotel d'Anatolie'ye indik; orada İstanbul'a dönerken tekrar konaklayacağım güne kadar rahata ve lüksün her türlüsüne veda ettim.

Bu otel, Anadolu'nun ünlü kurumlarından biri. Sahibi, en az otelin kendisi kadar seçkin bir kişi olan Madam Brotte. Küçük şelâlenin şarkılı akışını dinlediğimiz güzel bahçesinde, hâlâ Fransız köylülerinin beyaz kepini giyen bu garip yaşlı hanım, hikâyesini bana anlattı. Fransa'nın Lyon şehrinde seksen dört yıl önce doğmuş ve yirmi bir yaşındayken bir ipek uzmanı olan babasıyla birlikte Anadolu'ya gelmişti. Bursa, Fransızlarca kurulmuş ve halen de büyük ölçüde işletilmekte bulunan Türk İpek endüstrisinin merkezidir. Madam, gelişinden az sonra otelin sahibiyle evlenmiş ve onun ölümünden sonra işletmeyi üstlenmişti. Savaşlar, çekilmeler, yıkımlar, üzerinde etkisini bırakmıştı ama, vakarlı tavrını korumaktaydı. Türkiye'de o kadar uzun zamandır yaşıyordu ki, Fransızcasına Türkçe kelimeler karıştırıyordu. Bu güzel kokulu çevrede onun konuşmalarını dinleyip, sunduğu mükemmel yemeği hatırladıkça, Fransa'da değil Anadolu'da olduğumu idrak etmekte güçlük çekiyordum.

Şunu da ekleyeyim ki, alkol bakımından Anadolu, kupkurudur. Madamın bir üzüntüsü, Türklerin şarap mahzenini mühürlemiş olmalarıydı; bu mühürlerin ne zaman kaldırılacağını bir Allah bir de Ankara bilirdi. Anadolu'da geçirdiğim sekiz gün içinde tek damla içki görmediğimi belirtmeye değer. Dünyada içki yasağının içkiyi gerçekten yasaklar göründüğü belki tek yer burası. İstanbul ise, daha sonra anlatılacak başka bir hikâye.

Madam Brotte'de sömürge yayılmasının başka bir kanıtını gördüm. Dünyayı, özellikle uzak ülkeleri dolaşırken şunun farkına varırsınız ki, belli ırklar, yabancı topraklara yerleştiklerinde belli kuralları izlerler. Bir İngiliz'in ilk yaptığı şey bir banka kurmaktır. İspanyol mutlaka bir kilise yapar, Fransız da bir kahve açar. Anadolu'da da durum böyledir.

Ertesi sabah samimi ihtiyar Fransız hanımefendiye biraz üzüntüyle veda ettim. Bizi Mudanya'dan getiren otomobille Karaköy'e bütün gün sürecek olan yolculuğa başladık. Bursa'nın eteklerinde Yunan felâketinin ilk gözle görülür işaretlerini gördüm. Yol kenarlarında terkedilmiş yüzlerce kamyon –Yunanlıların zoraki hediyeleri– vardı. Türkler bunları kaldırmak veya kurtarmak zahmetine bile girmemişlerdi. Kırlara açıldıkça, yıkılmış çiftlik evleri her tarafta göze çarpıyordu. Yunanlıların Ankara'yı zaptedeceğine içtenlikle inandıkları saldırı sırasında tüm köyler baştan aşağı yok edilmişti. Oysa, ilerlediklerinden çok daha hızlı olarak geri döndüler.

Kağnı Yolculuğu

Gerçek Anadolu'daydık. Ses güzelliği bakımından ancak Mezopotamya ile yarışan bu tatlı isim, "güneşin doğduğu yer" demektir. Güneş, beşeri ve manevi tüm ileri atılımların hikâyelerinde geçen kişi ve olaylar üzerinde uzun zamandır parlamıştı; çünkü şimdi insanlığın beşiğinin kenarları diyebileceğimiz yerlerden geçiyorduk. Kitab-ı Mukaddes günlerinin muhteşem ve ölümsüz simaları bu ovalarda yürümüşlerdi. İskender ve Pompey'in orduları burada ordugâh kurmuş, ünlü Gordion düğümü burada kesilmişti. Gene zırhlı Haçlılar, Kudüs'e giderken buralardan geçmişlerdi; sağımızdaki ve solumuzdaki yeşil tepelerin arasında Yakın Doğu medeniyeti doğmuştu.

Yerinde olarak Anadolu kağnı senfonisi adı verilmiş şeyle ilk temasım burada oldu. Türk çiftçisinin tek aracı öküz veya manda tarafından çekilen arabaların yağlanmamış tahta tekerleklerinden çıkan bu ses, belki dünyanın en acayip sesi. Tarsuslu Saul çağından bu yana, bu arabaların ne yapım şekli, ne de gürültüsü değişmiş. Gerçi korkunç gürültüyü işittiğinizde insana inanılmaz geliyor ama, yolları dolduran kağnı arabalarının sürücüleri için, yolculuk sırasında uyanık olmak, görgü kurallarına aykırı bir şey. Ancak gıcırtı durduğunda uyanıyorlar. Sessizlik, onların çalar saati. Yunanlılar Güneydeki önemli Türk limanlarını tıkadıkları zaman, Kemal'in bütün malzemeleri, Ankara'ya kadar iki yüz milden fazla bir mesafede bu arabalarla taşınmıştı.

Yolculuğa devam ettikçe memleket, gitgide Kuzey Fransa'nın savaştan sonraki görünümünü almaya başladı. Gülle çukurlarında hatmi çiçekleri büyümüştü; her tarafta, bir ev veya köyün kuru, katı harabesi, çevreye gözcülük ediyordu. Yunanlılarla Türklerin kanlı bir savaşa tutuştukları İnönü köyünden geçtik; tam güneş batarken de Karaköy'e vardık; burası, Türkiye'nin her tarafında görebileceğiniz, birkaç kahvehaneyle çevrili bir tren istasyonundan ibaretti. Türk ordularının bir birliği yakınlarda çadır kurmuştu. Kahvelerimizi içmeden önce, kâğıtlarımızı polis incelemesine sunmamız gerekiyordu.

Bir saat sonra, o sabah Haydarpaşa'dan kalkmış olan tren vardı. Birinci mevki bir kompartımana kendimizi atarak, Ankara yolculuğumuzun son bölümüne başladık. Geceyarısı, bir zamanlar önemli bir kasaba olan ve Yunanlılarla Türklerin aylarca bir ölüm kalım savaşına tutuştukları Eskişehir'de bizi buldu. Türklerin 1921'deki çekilişinden sonra, kasaba Yunanlılarca yakılmıştı. Trene binip de sert koltuk –çünkü Türkiye'de Pulmanlar bilinmiyor– üzerinde biraz uyumaya çalıştığım anda, Anadolu'yu kaşındıran küçük seyyahlarla tanışmaya başladım.

Bunlar, insanlara rahatsızlığın ne olduğunu gösteren küçük, inatçı tabiat rehberleridir.

Birkaç saattir etraf gitgide yalçınlaşmıştı. Sallanan mısırları ve şükran dolu yeşillikleriyle bereketli ovalar, çok geride kalmıştı. Durmadan tepelere tırmandıkça, zaman zaman Ankara keçisi sürüleri görüyorduk. Kasvetli, çıplak bir manzaraydı ama, gözle görülebilen bütün arazinin ve daha da ötesinin her santimi için dövüşülmüştü.

Ertesi sabah saat dokuzda, tembelce kıvrılan dar bir ırmağı geçtik. Diğer tarihi nehirlerin çoğu gibi önemsiz görünmekle beraber, bu nehir, Türk şarkılarında ve geleneğinde ölümsüzleşecek. Gelecek tüm yıllarda, pazarlarda rastlayacağınız ilginç hikâyeciler, onun kayalık kıyılarında olup bitenlerin destanını anlatacaklar. Bu önemsiz görünüşlü nehir, Yunan taarruzunun zirve noktasını teşkil eden ve Kemal Paşa'nın ordusunun son bir ümitle gayretini gösterdiği ünlü Sakarya'ydı. Nehri geçtiğimiz noktanın pek yakınında, Yunanlılar geri atılmış ve taarruzları kırılmıştı. Fransa için Marne, İtalya için Piave neyse, yeni Türkiye için de Sakarya odur. O, ümit yıldızının doğduğu noktayı göstermektedir.

Daha ne olduğunu pek anlayamadan, kara bir duman örtüsü, bir şehrin değişmez ileri karakolu, uzakta göründü. Sonra, güneş ışığında dik ve beyaz duran tek tük cami ve minareler gördüm; az sonra Ankara'daydık. Demiryolu istasyonu şehrin eteklerinde olduğundan, kalacağım yere gitmek için, otomobille bir milden fazla yol almam gerekti.

Yolculuğun sıkıntılarına rağmen, trenden indiğimde bir çeşit heyecana kapıldığımı itiraf etmeliyim. Nihayet, belki de medeniyet tarihinde emsali olmayan bir başkentteydim. Önce Erzurum'da, sonra Sivas'taki geçici konaklamalardan sonra Kemalistler, hükümetlerini, Anadolu demiryolunun bir yol başındaki bu bakımsız, harap, yarı yanmış köyde kurmuşlardı. Ankara, tarihsel ilişkilerden yoksun değildi; bir defa Haçlılar burada konakladıkları gibi, korkunç Timurlenk de ünlü bir savaşta Sultan Bayezid'i yenip esir alarak Doğuya götürmüştü.

Ankara, Garip Başkent

Nerdeyse bir gecede nüfus, on binden altmış bine çıkmıştı. Türk parlâmentosuna verilen adla Büyük Millet Meclisinin doğusuyla birlikte, kabine, hükümetin bütün üyeleri ve milli yönetimine katılan pek çok insan gelmişti. Yunanlıların geçen yıl yenilgiye uğratılışına kadar Ankara, aynı zamanda Türk Ordusunun genel karargâhı ve başlıca ikmal üssüydü.

O zaman da şimdi de Ankara, her Avrupa elçiliğinde geleceğine ilgi duyulan bir devletin başkentinden çok, ilk zenginlik dalgasını yaşamakta olan bir Batı madencilik kasabasına benziyordu. Her ev, hattâ oturulabilecek her delik, insanlarla dolup taşıyordu. Amerikan konsolosu Imbrie, bir yıl, hükümetin kendisine tahsis ettiği bir yük vagonunda oturmak zorunda kalmış; üstelik, bu uyduruk evi elinden kaçırmamak için bütün gücüyle uğraşmaya mecbur olmuştu. Dükkânlar ilkeldi ve bir Avrupalının gidebileceği gibi sadece iki restoran vardı.

Bildiğimiz anlamda otel yoktu. Otele en yakın şey, Türkçe anlamı ev olan, sözde "han"dı. Yolcuların konakladığı ortalama bir Türk köy hanı, ortada avlusu olan beyaz badanalı bir yapıdan ibarettir; kervan sürücüleri, geceleri, katırlarını veya develerini bu avluya bağlayıp yukarı katta yerde yatarlar. Hanın kendine özgü bir havası ve gözle daha iyi görülebilir başka şeyleri vardır.

Eğer yeni Türk hareketine can veren vatanseverlik duygusu hakkında şüpheniz varsa, Ankara'ya gitmeniz bunu dağıtmaya yeter. Tasvir edilmesi hemen hemen imkânsız bir konforsuzluğun içinde, çoğu bir zamanlar Londra, Paris, Berlin, Roma veya Viyana'nın lüks ve rahatlığında yaşamış eski elçiler olan yüksek memurların, sabırla günlük görevlerini yapmakta olduklarını görürsünüz.

Neyse ki ben, Ankara'ya gelen her ziyaretçinin kaderi olan bu maddi konforsuzluğa karşı bir tür sigortalanmıştım. Kemal'in konutundan sonra, oturulmaya elverişli hemen tek yer, Yakın Doğu Yardım Misyonu mensuplarının kullanımı için yenilenmiş, son zamanlarda da Chester İmtiyazı temsilcilerine satın alınmış binaydı. İstanbul'dan ayrılmadan önce, burada kalmak için izin almıştım ki, bu birçok yönden Allah'ın bir lûtfuydu. Bir mucize kabilinden, fakat daha önemlisi, yerleri ovdurup yatakları havalandırttığım üç yaşlı Ermeni hizmetkâr sayesinde, haşerat tozuna ihtiyacım olmadı. Gerçekte, bunları beraberimde İstanbul'a geri getirdim ve daha çekici başka mallarla değiştirdim.

Chester İmtiyazından söz ederken, Ankara'da daha yarım gün geçirir geçirmez içime doğan şu çarpıcı gerçeği hatırlıyorum. En fakir kundura boyacısına varıncaya kadar herkes, sadece bu imtiyaz hakkında bilgi sahibi olmakla kalmıyor, aynı zamanda onu, Türkiye'nin gelişmesi ve zenginleşmesi için şaşmaz bir ilâç sayıyor. Bir Türk köylüsüne bu imtiyazı sorun; size bunun, gelecek ay çiftliğinin kenarından bir demiryolu geçmesi demek olduğunu söyler. Chester imtiyazcılarının, bir ekonomik dönüşümü gerçekleştirebilecekleri yolunda, körcesine ve âdeta insanın içine dokunan bir inanç var. Türkiye'nin her tarafında olduğu gibi Ankara'da da, Amerikalının şu anda en makbul yabancı oluşunun bir nedeni bu. Ancak Chester sorununun tümü, daha sonraki bir makalede ele alınacak.

Tercihin Sebepleri

Şimdiye kadar kendinize şu soruyu sormuş olmanız gerekir: Niçin Türkler, bu bakımsız kasabayı başkentleri olarak seçmişler? Cevap ilginç. İlki, savunma düşüncesi. Ankara, denizden iki yüz küsur mil uzaklıkta ve Yunanlıların ıstırapla keşfettikleri gibi, her istilacı ordu ülkede yaşamak zorunda. Ani bir saldırı halinde bile, kaçış yolu sağlayan vahşi ve sarp geri bölgeleri var. Ama bu, sadece dış sebep.

Eğer konuştuğunuz Türk samimiyse, bu tecridin gerçek amacının, belki de hükümet personelini dalaverelerden uzak tutmak olduğunu söyleyecektir. İstanbul'da memur, gayrımeşru resmi işlemlerin alışılagelmiş oyun alanındadır. Milliyetçi Hükümet, bu geçiş döneminde işi şansa bırakmıyor. Ankara'yı seçen Kemal Paşa; bu tercihi, onun takdir gücü hakkında fikir veriyor.

Ankara'nın ana caddesi, kaldırımsız, düzensiz bir sokak; yakıcı güneş, sokağın bitmek bilmez toz ve gürültüsü üzerinde parlıyor. Bir ucunda, üzerinde beyaz yıldız ve hilâliyle kırmızı Türk bayrağı dalgalanan alçak, sıvalı bir bina var. Kemal'in kişiliğinden sonra, Türk Hükümetinin ruhu sayılabilecek olan şey, burada yer alıyor. Büyük Millet Meclisinin çalışma yeri burası. Kemal Paşa burada Başkan seçilmiş, Lozan Andlaşması burada onaylanmış.

Büyük Millet Meclisinin bütün parlâmentolar arasında bir eşi yok; şu nedenle ki, aynı zamanda milletin yürütme gücünün de başı olan kendi başkanını seçmekle kalmıyor, fakat başbakan da dahil olmak üzere, hükümetin bütün üyelerini de seçiyor. Bu usûle göre bir hükümet, İngiltere veya Fransa'da olduğu gibi, başbakan güvenoyu alamadığı zaman düşmez. Eğer bir vekil istenmiyorsa, yasama organınca görevden alınır, yerine bir yenisi seçilir ve hükümet işleri, kesintiye uğramaksızın devam eder. Meclis üyeleri, şüphesiz, halk tarafından seçilmişlerdir.

Bütün bunlar, konuya giriş niteliğinde. Artık Kemal'in sahasındaydım ve şimdi işim onu görmekti. Bir Çarşamba günü öğle vakti Ankara'ya varmış ve hemen Reşat Beyi, kendisine Amiral Bristol'dan bir takdim mektubu getirdiğim Başvekil Rauf Beye göndermiştim. Lozan'daki kriz nedeniyle kabine, hemen sürekli toplantı halindeydi ve onu ancak ertesi sabah saat dokuzda görebildim.

Sıvalı, küçük, yetersiz döşenmiş, fakat baş sakininin kişiliği sayesinde canlı bir bina olan Hariciye Vekâletinde kendisiyle üç saat geçirdim. Denizci bir Başbakan olan Rauf Bey –kendisi Türk Donanmasında amiraldi– bir denizcinin samimi, açıksözlü, sağlam tavırlarını taşıyordu. Üstelik, kabinenin İngilizce bilen tek üyesiydi; bana, 1903'te Beyaz Saray'da Roosevelt'i ziyaret ettiğini söyledi. İngilizlerin 1920'de Malta'ya sürdükleri ileri gelen Türklerden biriydi. Bana söylediğine göre sürgündeki tek tesellisi, denizci arkadaşlarından arasıra kendisine ulaşan *Saturday Evening Post*'tu. Bu dergileri o kadar etraflı okumuştu ki, onlardan uzun alıntılar yapıyordu. Benim General Smuts hakkındaki bir makalemle özellikle ilgilenmişti; Smuts'un self-determinasyonla ilgili düşünceleri, yeni Türk politikasının şekillenmesine yardımcı olmuştu.

Ertesi gün öğleden sonra saat beşte Kemal Paşa'yı evinde görmek üzere randevuyu bana Rauf Bey aldı. İlk plâna göre, orada o akşam ikimiz birlikte yemek yiyecektik. Daha sonra bu değişmiş, çünkü Rauf Beyin sözleriyle "Gazinin kayınları kendisine misafir, ev kalabalık". "Kayınlar" (in-laws) deyimini kullanmasından, Rauf Beyin Batı deyimlerine ne kadar çabuk adapte olduğunu görebilirsiniz.

Başvekilin Gazi'den söz etmesini açıklamak gerek. Genellikle Ankara halkı, Kemal'den Paşa olarak söz eder. Okumuş Türkler ise, onun için daima, daha sonraki unvanı olan Gazi unvanını kullanırlar; Meclisin oyuyla verilmiş olan bu unvan, Türkçede "fatih" anlamına geliyor. Fatih Mehmet'in İstanbul kapılarını çökertip Boğazda İslâmiyet çağını açtığı o tarihi 1453 gününden bu yana, bu azametli unvan, sadece üç kişiye verilmiş. Biri, Plevne kahramanı Topal Osman Paşa; ikincisi, 90'ların sonlarına doğru Yunanlıları hezimete uğratan Muhtar Paşa; üçüncüsü de, Mustafa Kemal.

Ayın on üçü Cuma günüyle birlikte, Kemal'le uzun zamandır beklediğim mülakat da geldi. Kendisi, Ankara'dan yaklaşık beş mil ötede bir çeşit yazlık yeri olan Çankaya'da, Türklerin villâ dedikleri bir köşkte oturuyordu. Ankara'da otomobil az olduğu için, bir nakliye aracıyla gitmek zorunda kaldım. Reşat Bey de benimle geldi ama, Kemal'le konuşmamızda hazır bulunmadı.

Gazi'nin Konutu

Kemal'in konutuna yaklaştıkça askerlere rastlamaya başladık; ilerledikçe sayıları arttı. Bu askerler, Kemal'in hayatını korumak için alınan birçok tedbirlerden biriydi; çünkü her an kızgın bir Yunanlı veya Ermeni tarafından öldürülme tehlikesindeydi. Onu öldürmek için birkaç teşebbüste bulunulmuş, bir seferinde yanındaki bir Türk subayı suikastçı tarafından ağır yaralanmıştı.

Az sonra yeşil bir tepe üzerinde, düzenli bir bahçe ve badem ağaçlarıyla çevrili, cephesi kırmızı, güzel bir beyaz taş bina göründü. Sağda daha küçük bir taş evcik vardı. Daha önce buraya gelmiş olan Reşat Bey (tercüman), bunun Türk milletince Kemal'e hediye edilmiş ev olduğunu söyledi. Giriş kapısına vardığımızda bir çavuş bizi durdurup ne işimiz olduğunu sordu.

Reşat Bey adama, Gazi ile randevum olduğunu söyledi; o da kartımı alıp içeri götürdü.

Çavuş birkaç dakika sonra dönerek bizi beraberinde küçük taş evciğe götürdü; Kemal burayı kabul odası olarak kullanıyordu. Burada Gazi'nin kayınpederi olan Muammer Uşak Bey'i gördüm; kendisi, İzmir'in en zengin tüccarı, aynı zamanda New York ve New Orleans pamuk borsalarının ilk Türk üyesiydi. Amerika'yı sık sık ziyaret etmiş olduğundan İngilizce biliyordu. Kemal'in kabine toplantısında olduğunu ve beni az sonra göreceğini söyledi.

Tam Muammer Beyle Türkiye'nin ekonomik geleceği hakkında bir tartışmaya başlamıştım ki, Kemal'in yaveri, hâki üniformalı, iyi giyimli genç bir teğmen içeri girerek, Gazi'nin beni görmeye hazır olduğunu söyledi. Onunla birlikte küçük bir avludan ve dar bir geçitten geçtik ve kendimi esas konutun kabul salonunda buldum. En makbul Avrupa stilinde döşenmişti. Bir köşede bir kuyruklu piyano vardı; karşısında, birçok ciltleri Fransızca bir sıra dolu kitap rafı bulunuyordu; duvarlarda da başka hediye kılıçlar asılıydı.

Bitişik odada, geniş yuvarlak bir masa etrafında oturmuş, hızlı hızlı konuşan bir grup insan görüyordum. Bu, toplantı halindeki Türk kabinesiydi ve Lozan'dan gelen son telgrafları tartışıyorlardı; Hariciye Vekili ve kabinenin orada bulunmayan tek üyesi olan İsmet Paşa, bir gün önce Chester imtiyazı ve Türk dış borçları hakkındaki Türk ültimatomunu vermişti. Ekonomik savaşın akıbeti havadaydı.

Ben yaklaşınca Rauf Bey dışarı çıktı ve beni kabinenin toplandığı odaya götürdü. Grupla kısa bir tanışma oldu. Ama gözlerim tek bir kişinin üzerindeydi. O da masanın başındaki yerinden kalkıp elini uzatarak bana doğru gelen uzun boylu kişiydi. Kemal'in sayısız resimlerini görmüş olduğumdan görünüşüne aşinaydım. O, insanlara ve meclislere hâkim olacak tipteydi. Bir defa, hemen hemen 1.80'lik boyu, mükemmel göğsü, omuzları ve askerce tavrıyla insanı etkileyen fizik yapısıyla; sonra, bir insanda gördüğüm en dikkate değer gözlerin esrarengiz kudretiyle. Kemal'in gözleri çelik mavisi, sert, taş gibi, affetmez olduğu kadar nüfuz ediciydi. Pek az kişi Kemal'i gülerken görmüştür. Kendisiyle geçirdiğim iki buçuk saat içinde hatları, ancak bir defa bir parça gevşer gibi oldu. Demir maskeli bir adama benziyordu; maske de onun tabi yüzüydü...

Onu üniformalı göreceğimi zannediyordum. Oysa çizgili gri pantolon ve rugan ayakkabılarla siyah bir jaketataydan (kuyruklu ceket) oluşan çok şık bir kıyafet içerisindeydi. Kanat yaka ve mavili sarılı bir kravat taşıyordu.

Rauf Bey kabine odasında beni Kemal'e takdim etti. Mûtad selamlaşmaları Fransızca olarak teati ettikten sonra şöyle dedi: "Belki konuşmak için bitişik odaya geçip, kabineyi tartışmalarıyla baş başa bıraksak daha iyi olur." Bunları söylerken bitişik salonu gösterdi. Rauf Bey sağımda, Kemal solumda küçük bir masaya oturduk. Efendisinden daha az şık olmayan bir erkek hizmetkâr her zamanki gibi koyu Türk kahvelerini ve sigaraları getirdi. Mülakat başladı.

Gazi Fransızca ve Almanca bilmekle beraber, bir tercüman aracılığıyla Türkçe konuşmayı tercih ediyordu. Ben, gene sözde Fransızcamla, onunla tanışmaktan duyduğum büyük memnuniyeti ifade ettikten sonra, Rauf Bey araya girerek, büyük adamın kendi diliyle konuşmasının belki en iyisi olacağını söyledi. Bunda mutabık kalındı ve o andan itibaren Başvekil tercümanlık yaptı. Kemal, nasılsa, Ankara yolculuğumda başıma gelen güçlükleri ve gecikmeleri işitmişti.

Bütün diğer demir adamlar gibi, onun da hassas bir noktası var; Bayan Kemal'e rastlayınca, onun nasıl olup da teslim olduğunu anladım. Mülâkatın ortasındayken hizmetkâr içeri girdi ve Kemal'in kulağına bir şey fısıldadı. Kemal derhal döndü ve gururla "Bayan Kemal geliyor" dedi. Birkaç saniye sonra, şimdiye kadar rastladığım en çekici Türk kadını odaya girdi. Orta boylu, tam Doğulu yüzlü ve parlak siyah gözlüydü. Her hareketi zarafetin ta kendisiydi. Kemal, beni eşine Türkçe olarak takdim etti. Kendisine Fransızca hitap ettim ve mükemmel bir İngilizceyle cevap verdi; aslında, İngiliz aksanıyla konuşuyordu. Bunun sebebi de okul hayatının bir kısmını İngiltere'de geçirmiş olmasıydı. Daha sonra Fransa'da okumuştu. Bayan Kemal hemen masanın yanındaki koltuğa oturdu ve eşiyle karşılıklı görüşmemi ilgiyle izledi.

Bayan Kemal

Onun gelişinden az sonra Kemal, kabinenin hâlâ toplantı halinde olduğu bitişik odaya çağrıldı; onun yokluğu sırasında Bayan Kemal, bana hayat hikâyesini anlattı; bu, seçkin kocasının daha zahmetli kariyerinin hikâyesini, çekici şekilde tamamlıyordu.

Daha önce bahsetmiş olduğum gibi, babası, uzun yıllar Türkiye'nin ekonomik başkenti olan İzmir'in en zengin tüccarı. Kendi ismi Latife. Buna, Türkçede evli veya bekâr bayan anlamına gelebilecek "hanım" kelimesini eklemek gerek. Böylece, evlenmeden önceki ismi Latife Hanım'dı. Eğer şimdi tam evlilik ismini kullanırsa, Latife Gazi Mustafa Kemal Hanım olması gerekir.

Yunan Savaşının ilk günlerinde kâh Paris'te kâh Londra'daydı. 1921 güzünde, o zaman Yunanlıların elinde olan İzmir'e geri döndü; Yunanlılar babasını hapsetmişlerdi, daha sonra kendisini de Türk casusu olma iddiasıyla tutukladılar. Kapıda iki Yunan askerinin nöbetçiliğinde kendi evinde göz hapsine mahkûm oldu. Burada üç ay geçirdi.

Bir gün Yunan nöbetçileri ansızın ortadan kayboldular. Ortada, hızlı çekilişin telâş ve gürültüsü vardı; ertesi sabahın erken saatlerinde muzaffer Türkler İzmir'e girdiler. Birkaç gün sonra Kemal de gelip ordularının başında muzafferane İzmir'e girdi. Bundan sonrasını Lâtife Hanımın kendi saf kelimeleriyle anlatayım:

"Mustafa Kemal'le hiç tanışmamış olmakla beraber, onu İzmir'deki ikameti sırasında bizim misafirimiz olmaya davet ettim. Cesaretini, vatanseverliğini ve liderliğini takdir ediyordum; davetimizi kabul etti. Memleketimizin yeniden inşası için ortak ideallerimiz olduğunu gördüm; daha sonra başka ortak şeylerimiz olduğunu da keşfettik. Çok geçmemişti ki, dostlarımızdan kırk elli kadarı eve çaya davet edildi. Müftü çağrıldı ve önceden hiçbir haber verme olmaksızın evlendik. Nikâh yüzüğümüzü daha sonra İsmet Paşa Lozan'dan getirdi."

Bayan Kemal, kocasından samimi takdir duygularıyla söz ediyordu: "O, sadece büyük bir vatansever ve asker değil, aynı zamanda bencilliği olmayan bir liderdir" dedi. "Kurduğu hükümet sistemi, onsuz da işleyebilir. O, kendisi için asla hiçbir şey istemez. Kendi kaderine hâkim Türkiye idealinin yürüyeceğine emin olsaydı, her zaman çekilmeye istekli olurdu.

Ben onun bir çeşit sekreteri görevini görüyorum. Yabancı gazeteleri onun için okuyup tercüme ediyorum; dinlenmek istediği zaman piyano çalıyorum; biyografisini de yazmaya başladım."

"Eşinizin eğlenceleri nelerdir?" diye sordum.

"Müziği sever; okuyacak zaman bulduğu zaman eski çağ tarihiyle meşgul olur" dedi. Sonra ayaklarımızın dibinde yerde sıçrayıp duran üç cilveli köpek yavrusunu göstererek ilâve etti: "Ona bu küçük köpekleri de aldım; onları çok sevdi."

Oy Hakkından Önce Eğitim

Bayan Kemal'in, Türk kadınlarının geleceği konusunda kesin fikirleri var. Halide Hanım gibi o da, kadınların hürriyete kavuşmalarına kuvvetle inanıyor. Bu konuda şunları söyledi:

"Türk kadınları için eşit haklara inanıyorum; bu, oy verme ve Büyük Millet Meclisine seçilme hakkı demek. Ama şuna da inanıyorum ki, eğitim, oy hakkından ve kamu hizmetinden önce gelmeli. Cahil köylülerin sırtına oy hakkını yüklemek saçma olur. Uzun vâdede, kadınlar için kadınlarca yönetilen okullarımız olmalı. Bunun, yavaş bir süreç olması kaçınılmaz. Peçenin kaldırılmasına taraftarım."

Kitaplardan konuşmaya başladık. Bayan Kemal'in Longfellow'un büyük hayranı olmasına çok hayret ettim. Hayat İlâhisinin tümünü ezberden okudu. Keats, Shelley ve Byron'u ne kadar iyi bildiğini görmek de benim için aynı derecede ilginçti.

Bu esnada Kemal döndü ve mülakatımız, bıraktığımız yerden tekrar başladı. Bitirdiğimizde akşam oluyordu ve gitmek zamanı gelmişti. Gazi'nin Ankara'da ele geçirdiğim bir fotoğrafını yanımda getirmiştim. 1920'nin ilk günlerinde çekilmişti. Baktığında, düşünceli şekilde, "Bu bana gençliğimi hatırlatıyor" dedi. Fotoğrafı imzaladı ve isteğim üzerine iki başka resmini daha verdi.

Veda edildi ve ayrıldım. Gece olmaktayken Ankara'ya geri döndüm; aralıklarla süvari nöbetçilerince selâmlandım, zira karanlıkta Kemal'in güvenlik tedbirleri artırılıyordu; durgun havada borazan sesleri yansırken, güçlü ve hükmedici bir şahsiyetle, insanlar arasında eşi olmayan bir liderle tanışmış olduğumu idrak ettim.

Bundan sonra yapılması gereken şey, Kemal'in şu ana kadarki hayli kısa ve dolu hayatını anlatmak. O, bir küçük devlet memurunun oğlu ve kırk üç yıl önce o zaman Türk Bayrağı altında olan Selanik'te doğmuş. Kemal'in kaderinde ordu vardı; yaşı gelince, Manastır'daki askeri okula girdi. Orduda iken çalışma arkadaşlarını, askerliğe karşı duyduğu gerçek aşkla etkiledi. Şimdi olduğu gibi, o zaman da bir milliyetçiydi. O günlerde bu, sapık bir düşünce sayılıyordu; çünkü Türkiye, din ve devletin kontrolünü saltanatta birleştiren çürümüş bir yönetimin pençesindeydi. Başka bir deyişle, sultan sadece hükümdar değil, aynı zamanda ulu halife olarak dinin de savunucusuydu.

Kemal'in eski askerlik günlerinden bir arkadaşının bana İstanbul'da söylediğine göre, 1908 İhtilâlini ve 1909 karşı ihtilâlini yapmış olan ve Enver Paşa'nın egemenliğinde bulunan İttihat ve Terakki Cemiyeti İktidarının zirvesindeyken, Türkiye'nin gelecekteki kurtarıcısı şunları söylemişti: "Bu politikacılar başarısız kalmaya mahkûmdurlar; çünkü ülkeyi değil, bir sınıfı temsil ediyorlar. Sadece siyasi saiklerle hareket ediyorlar. Bir gün Türkiye'nin kurtuluşuna yardım edeceğim." Napolyon gibi o da, kendisinin kaderin gönderdiği bir insan olduğuna inanıyordu; sonraki başarıları da bu eski inancını doğrulamıştı.

Kemal Çanakkale'de

Türkiye'de zeki subayların siyasetteki istikballerinin parlak olduğu bir dönemde Kemal'in mesleğine bağlı kalmış olması da ilginçtir. Trablus'ta İtalyanlara karşı savaşmakla birlikte, orduda isim yapmaya başlaması, ancak Dünya Savaşıyla olmuştur.

Almanlara antipatisi dolayısıyla, şüphesiz, Türkiye'nin mihver devletleri yanında savaşa girmesine karşıydı. Bu yüzden derhal Enver Paşa'nın düşmanlığını çekti ve savaş yılları sırasında bu husumet daha da hâd noktaya ulaştı. Enver onu her yoldan küçümsemeye çalıştıysa da o, işten atılamayacak derecede iyi bir askerdi. Bir ara, o zamanlar veliaht olan müstakbel Sultan VI. Mehmet'e Almanya'ya yaptığı resmi ziyarette refakat etmek üzere, geçici olarak cepheden ayrıldı.

Çanakkale savaşları öncesinde Kemal, piyade albayıydı. İngilizlerle Fransızların kötü bahtlı çıkarmalarını yapmalarından önce bile, kendisine Gelibolu'da bir komuta mevkii verilmişti. Kısa zaman sonra tümgeneralliğe yükseltildi –bu ona paşa unvanı kazandırdı– ve 19'uncu Tümenin komutasını üstlendi. Liman Von Sanders gözden düşdüğünde, yarımadadaki en yüksek rütbeli Türk subaylarından biri oldu.

Avusturya Gazetesi *Die Presse* Röportajı

Mustafa Kemal Atatürk ile 23 Eylül 1923'te yaptığı röportajı 90 yıl sonra tekrar yayımladı.
Avusturya gazetesi *Die Presse*'in 165. kuruluş yıldönümü çerçevesinde 1923 tarihinde Atatürk ile ilgili yaptığı mülakatı yayımladı. Atatürk gazeteye verdiği mülakatta "Düşmanlarımız yüzlerce yıldır Türklere karşı nefret duyguları besliyor" dedi.
Gazete adına Josef Hans Lazar Atatürk ile mülakat yaptı:

Atatürk ile mülakat... Modern Türkiye'nin kurucusu Mustafa Kemal Paşa, Türkiye Cumhuriyeti'nin oluşumu ve daha o zamandan beri Avrupa ile zorlu ilişkileri hakkında konuştu.
23 Eylül 1923... Yeni Türkiye'nin kurucusunu görmek bugün bile kolay değil, üstelik onunla konuşmak çok daha zor. Türk Basın Bürosu sayesinde muhabirimiz yeni Türkiye'nin en yüksek iktidar sahibiyle bir görüşme sağlayabildi. Görüşme, Büyük Millet Meclisi'nin Cumhurbaşkanlığı Odası'nda gerçekleşti.
Güce ve müstesnalığa rağmen Gazi Mustafa Kemal Paşa'nın kişiliği mütevazı, açık, basit ve doğal kalmış. Kullandığı kelimeler sakince seçilmiş ve düşünülmüştür, çehresinde hiçbir gayretsizlik, güçsüzlük, hedefsizlik ve söylenmemiş bir şey bulunmuyor. Bu yüz olgunlaşmış ve yoğunlaşmış enerjilerin, sıkı şekilde gerilmiş güçlerin bir resmidir.
Mustafa Kemal, tarihi önem arz eden açıklamalar yaptı. Milliyetçi Türk hareketinin başlamasından bu yana ilk kez,

şimdiye kadar dikkatle ve itinayla kaçınılan cumhuriyet kelimesini kullandı: "Size yeni Türk Anayasası'ndaki birinci maddeyi tekrarlamak istiyorum: 'Egemenlik kayıtsız şartsız milletindir. Tüm yönetme gücü, yalnızca ve sınırsız şekilde halk tarafından kullanılır." Bu iki cümle ve bunların açıklaması, bir kelimenin –cumhuriyetin– yanlış anlamalara fırsat bırakmayacak şekilde açık tanımıdır!

Yeni Türkiye'deki gelişme süreci henüz sona ermedi. Bu yolun sonuna kadar gidilmeli. Değişiklikler, düzeltmeler, iyileştirmeler yapılması gerekiyor, son mükemmelleştirme henüz eksik.

Türkiye şu anda yapı olarak ne ise çok kısa zamanda şekil olarak da o olacak: Bir cumhuriyet! Tıpkı Avrupa ve Amerika'nın farklı ve halihazırda mevcut cumhuriyetlerinin, standart ve esaslı prensiplere sahip olmasına rağmen dış yapılarında birbirlerinden farklılaşabilmesi gibi Türkiye, gerçek yapısında onlardan uzaklaşmadan daha bugünden sadece bazı belirli dış çizgilerde diğer cumhuriyetlerden farklıdır.

"...Yolumuz Önüne Dikilmek İsteyenleri Ezip Geçeceğiz!"

1923 yılının sonlarına geliniyordu. Milli Mücadele Anadolu'nun çorak topraklarında azimle sürerken İstanbul'da yaşayanlar sabır ve merakla yoğruluyordu. Ankara'yı ziyaret eden *Tercüman-ı Hakikat* başyazarı Ahmet Şükrü Bey, Gazi ile röportaj için oradaydı. Gazi Paşa İstanbul'u unutmamış, unutamamıştı:

> *"İstanbul'un saf, samimi ve mütevazı kütlesine minnettarım. En müşkül dakikalarımızda kalbimiz onlarla beraber çarpmıştır. İstanbul ahalisi son senelerde çok elemli ve felâketli dakikalar geçirmişlerdir. Her zaman mâsum insanları baştan çıkarmak için uğraşanlar olmuştur. Böylelerinin sözlerine kulak asmamak, onlara tertip olunacak en iyi cezadır. Mücadele hayatımızda elim dakikalar yaşadık. Emin olunuz ki hiç kabahati olmayan masumların duçar-ı gadr olması (gadre uğraması) kadar beni müteessir eden bir hâdise yoktur. Cumhuriyet serbesti-i efkâr (fikirlerin serbestliği) taraftarıdır. Samimi ve meşru olmak şartıyla her fikre hürmet ederiz. Her kanaat bizce muhteremdir. Yalnız muarızlarımızın insaflı olmazı lâzımdır. Memleketimize şöyle pamuk ipliğine bağlanmış bir intizam ve âsâyiş değil, en müterakki (gelişmiş) addolunan memleketlerdeki sükûn gelecektir. Bu noktada Fransa'ya veya İngiltere'ye gıpta etmeyecek bir hale behemehâl geleceğiz.*

Memleket behemehâl asri, medeni ve müteceddit (yenilik taraflısı) olacaktır. Bizim için bu, hayat davasıdır. Bütün fedakârlığımızın semere vermesi buna mütevakkıftır (bağlıdır). Türkiye ya yeni fikirle mücehhez (donanmış) namuslu bir idare olacaktır veyahut olamayacaktır. Halk ile çok temasım vardır. O saf kütle bilmezsiniz, ne kadar tecerrüd (yenilik) taraftarıdır. İcraatımızda hiçbir zaman, menavi (engeller) bu kesif tabakadan gelmeyecektir. Halk müreffeh, müstakil, zengin olmak istiyor. Komşularının refahını gördüğü halde fakir olmak pek ağırdır. İrticakâr fikirler perverde edenler (besleyenler) muayyen bir sınıfa istinat (dayanabileceklerini) zannediyorlar. Bu, katiyyen bir vehimdir, bir zandır. Terakki yolumuz önüne dikilmek isteyenleri ezip geçeceğiz, teceddüt vâdisinde duracak değiliz. Dünya müthiş bir cereyanla ilerliyor. Biz bu ahengin haricinde kalabilir miyiz?"[48]

---

48. *Hâkimiyet-i Milliye* gazetesi, 4 Aralık 1923

"Kemal'in Son Fethi…"

Ocak ayının ortasında annesi Zübeyde Hanım'ı kaybetmişti. Üzüntüsü büyüktü. Tek mutluluğu annesiyle de tanıştırma fırsatı bulduğu hayat arkadaşıyla evlilik yapacak olmasıydı. 29 Ocak 1923 günü Latife Hanım'la evlenmişti. *Vakit* gazetesi bir gün sonraki nüshasında bu habere yer verdi:

"Akd merasiminde bir numune-i imtisal."

Ayrıntılarında şöyle yazıyordu:

"Gazi Mustafa Kemal Paşa Hazretleri'yle Uşşakizade Latife Hanımefendi'nin emr-i mesnuk akitleri saat beşte Göztepe'de icra edilmiştir. Akit merasimi fevkalade sade olmuştur. Müşir Fevzi, Kâzım Karabekir Paşalar Hazeratı Başkumandan Paşa Hazretleri'nin, Vali Mustafahalik Beyefendi ile Seryaver Salih Bey de Latife Hanım'ın şahitleri bulunuyorlardı. Paşa Hazretleri ve Latife Hanımefendi şuhud ve med'ubundan mürekkep bir masada karşı karşıya oturmuşlardır. Paşa Hazretleri Kadı Efendi'ye hitaben:

'Efendi Hazretleri, biz Latife Hanım'la evlenmeye karar verdik, siz lütfen muamele-i lazimesini yapar mısınız?' demiştir. Bunun üzerine Kadı Efendi evvela Latife Hanım'a tevcih ederek 'On dirhem gümüş mihr-i müeccel ve aranızda takarrür

eden mihr-i müeccel ile bil-meclis Gazi Mustafa Kemal Paşa Hazretleri ile tezevvücü kabul ediyor musunuz?' demiş ve Latife Hanım: 'Kabul ettim' cevabını vermiştir. Kadı Efendi müteakiben Paşa Hazretleri'ne de aynı suali irad etmiş ve müşarünileyh: 'Evet, kabul ettim' buyurmuşlardır. Duayı müteakip tarafeyn hazirun tarafından pek samimi bir surette tebrik edilmişlerdir."

Gazetenin manşette verdiği diğer haber ise, İsmet Paşa'nın Lozan'da gazetenin muhabirine verdiği demeçti. İsmet Paşa, *"Metin olunuz, Musul'u alacağız ve sulhu da yapacağız. Musul bize verilmedikçe burada hiçbir muahede imza etmeyeceğim"* diyordu.

Gazi, artık aşk hayatıyla da Batılı gazetelere haber olmaya başlamıştı. Amerikan *Reading Eagle* gazetesi, Latife Hanım'la birlikte bir fotoğrafını yayımlayıp, **"Kemal'in Son Fethi"** başlığını attı. Fotoğraf altına ise şöyle yazdı:

"Mustafa Kemal Paşa ve eşi Latife Kemal. Geçtiğimiz yıllarda Avrupalı büyük güçlere kafa tutan, Türk milli kuvvetlerinin lideri Mustafa Kemal, devlet işlerinin stresi dışında rahatlamaya da zaman buluyor, fotoğraf bunu kanıtlıyor. Çünkü o İzmir'deki villasında yeni evlendi. Gelin ise Latife Kemal'dir."[49]

L'illustration dergisi Latife Hanım'ın güçlü karakterini öne çıkardı. Dergiye göre o sadece Mustafa Kemal'in eşi olmakla kalmıyor, kendi vasıflarıyla da adından söz ettiriyordu. Haberin spotu, *"Mustafa Kemal, eşini sadece askeri törenlere değil politik aktivitelere de yanında götürürdü. 1 Mart günü Meclis'in*

---

49. Amerikan *Reading Eagle*, 15 Mart 1923

4. Dönem'inin açılışı için düzenlenen diplomatik törende Fransız Generali Mougin ve Sovyet Rusya Temsilcisi Aralof ile birlikte yer aldı" idi.

Fotoğraf altında, *"Yanında eşi bulunan Mustafa Kemal at üzerinde bir grup üst düzey komutanla birlikte bir askeri geçidi izliyor"* yazılıydı.[50]

---

50. *L'illustration dergisi*, 17 Mart 1923

Ramazan Ayında Duygusal Demeç

Bir yanda Lozan barış görüşmeleri yapılıyor diğer yandan ordu teyakkuzdaydı. Ortam böyleyken ramazan ayı gelmişti. Gazeteler ramazanın başlangıcı manşetleriyle çıkarken Gazi'nin oldukça duygusal bir demecini yayımladı:

"Rahmet ve mağrifet ayı bu sene de bizi silah ve vazife başında buluyor. İnayet-i Rabbaniye (Allah'ın yardımı) ile kazandığımız bi-emsal (eşsiz) muvaffakiyetlerden sonra hukuk-ı meşruamızın temini için devletçe yapılmakta olan teşebbüsat-ı sulh perveraanenin neticesine sükûnet ve itimad ile intizar ediyoruz. Netice bizim tekrar harekete gelmemizi icap edecek bir şekilde zuhur ederse gaza ve şehamet (yiğitlik) yolunda aynı-ı şevk-ı vatanperveri ile devam edeceğimiz tabiidir. Bu hususta bütün silah arkadaşlarımın yek-emel bulunduğuna şahidim ve kaniim. İdrakiyle mübahi bulunduğumuz (övündüğümüz) bu mübarek ayın hürmetine Eltafü İlahiden vatanımız ve cümlemiz için selamet ve saadetler niyaz ederken dava-yı mukaddesin aşkıyla rahmet ve Rahman'a kavuşmuş olan aziz şehidlerimizin ruhlarına Fatihalar ehda ediyorum.

Başkumandan Gazi Mustafa Kemal."

غازی باشه قوماندانمزك اردوده بيانامه لرى
اوردوه

Hâkimiyet-i Milliye / 17 Nisan 1923

"Türk Milleti Daha Dindar Olmalıdır..."

Lozan'daki görüşmelerde nihayet anlaşma sağlanmıştı. *Vakit* gazetesi, *"On iki sene süren muharebeler bitti, bugün sulha kavuştuk. Bütün dünya Türk milletinin istiklal ve hâkimiyet-i mutlakasını tesdik etti"* diye yazdı ve detayları aktardı:

"Lozan'da dün gece takarrür eden i'tilafın (anlaşma) esasları şunlardır:

1. *Kuponlar meselesi talebimiz üzerine muahededen tefrik edilmiştir (ayrılmıştır).*

2. *Müttefikler İstanbul ve boğazları... Veçhile (yönüyle) sulh muahedesi (antlaşma) Türkiye Büyük Millet Meclisi tarafından tasdik edildikten sonra altı hafta sonra tahliye edeceklerdir. Aynı zamanda 'Yavuz' zırhlısını ve bizden şimdiye kadar müsadere ettikleri bütün mühimmat ve malzeme-i harbiyeyi iade edeceklerdir.*

3. *İmtiyazlar meselesinde müttefiklerin talebi veçhile imtiyaz sahiplerinin hukukunun sıyanet edileceğine dair İsmet Paşa bir mektup verecektir."*

Türkiye adım adım Cumhuriyet rejimine koşuyordu. *Haber* gazetesi **"Demokratik Cumhuriyet"** haberini aynı gün fotoğraflı bir şekilde ve *İkdam* gazetesinden alıntılayarak, *"Gazi Paşa*

Diyor ki: Türkiye'de demokratik bir cumhuriyet teşekkül edecek ve bu cumhuriyet Garp cumhuriyetlerinden farklı olmayacaktır" manşetinden verdi.

Haber gazetesi / 24 Eylül 1923

Cumhuriyet ilan edildi. Türkiye Cumhuriyeti Devleti'nin ilk cumhurbaşkanı Gazi Mustafa Kemal oldu. Her gazetede birinci sayfadan duyurulan Cumhuriyet'in ilanı *Açık Söz* gazetesinde de yer aldı. Gazete, *"Bugün Meclis İkinci Reis Vekili İsmet Bey'in riyasetinde öğleden sonra altıda küşad edildi"* diye başlayan haberinde, müzakerelerden sonra Teşkilat-ı Esasiye Kanunu'nda aşağıdaki değişikliklerin yapılarak Cumhuriyet'in kabul edildiğini ve Mustafa Kemal Paşa'nın ilk cumhurbaşkanı seçildiğini bildirdi:

"Madde 1- Hâkimiyet-i bila-kayd ve şart milletindir. İdare usülü halkın bilfi'l idaresi esasına müstenittir ve Türkiye hükümetinin şekl-i hükümeti Cumhuriyet'tir.

Madde 2- Türkiye Cumhuriyeti'nin dini din-i İslam'dır. Resmi lisanı Türkçedir.

Madde 3- Türkiye Cumhuriyeti, Büyük Millet Meclisi tarafından idare edilir.

Madde 4- Türkiye Reis-i Cumhuru Büyük Millet Meclisi Heyet-i Umumisi tarafından, kendi azası meyanından bir intihap devresi için intihap edilir. Vazife-i riyaset yeni Reis-i Cumhur'un intihabına kadar devam eder. Reis-i Cumhur'un tekrar intihabı caizdir. Reis-i Cumhur, devletin reisidir; bu sıfatla lüzum gördükçe Meclis'e ve Heyet-i Vekile'ye riyaset eder.

Madde 5- Başvekil, Reis-i Cumhur tarafından intihap olunur..."

Gazi'nin Fransız gazeteci Maurice Pernot'e daha önce verdiği demeci ise Cumhuriyet'in ilanından bir gün önce yayımlanmıştı:

"...Memleketimizi çağdaşlaştırmak istiyoruz. Bütün çalışmamız Türkiye'de çağdaş, bu sebeple Batılı bir hükümet oluşturmaktır. Uygarlığa girmek arzu edip de, Batı'ya yönelmemiş millet hangisidir?

...Türk milleti daha dindar olmalıdır, yani bütün sadeliği ile dindar olmalıdır, demek istiyorum. Dinimize bizzat hakikate nasıl inanıyorsam, buna da öyle inanıyorum. Şuura muhalif, terakkiye mâni hiçbir şey ihtiva etmiyor. Halbuki Türkiye'ye istiklalini veren bir Asya milletinin içinde daha karışık, sun'i, itikadat-ı batıldan ibaret bir din daha vardır. Fakat bu cahiller, bu âcizler sırası gelince, tenevvür

(aydınlanma) edeceklerdir. Onlar ziyaya (ışığa) takarrüp (yaklaşma) edemezlerse kendilerini mahv ve mahkûm etmişler demektir. Onları kurtaracağız."

Açık Söz gazetesi / 30 Ekim 1923

Gazi'nin Gazetecilerle
6 Saat 10 Dakikalık Görüşmesi

Gazi yoğun çalışıyordu; rahatsızlanmıştı. Doktoru Prof. Dr. Neşet Ömer *(İrdelp)* Bey kendisini muayene etti ve İstanbul'da dönüşte gazetecilerin sorularına yanıt verdi:

"Gazi Paşa, çok çalışmadan dolayı biraz yorgunluk belirtileri göstermişlerdir; fakat 6 günlük bir istirahatten sonra tamamıyla sağlığına kavuşmuştur. Bu sebeple kendisinin rahatsızlığı *'anjin döpuatrin'* ve benzeri bir hastalık değildir. Gazi Paşa'nın rahatsızlığına tıp terminolojisinde 'yorgunluk' denir."

Ülkenin doğusunda terör hareketliliği vardı. Bazı Kürt aşiretler Cumhuriyet'in ilanının ardından tepkilerini dağa çıkarak ve silaha sarılarak gösterdi. 1924 yılına girildiğinde Gazi gazete yazarlarını kimi zaman İzmir'de kimi zaman da İstanbul'da toplayarak gidişatla ilgili bilgiler veriyordu. İzmir'de Harp Oyunları da vardı. İstanbullu gazeteciler hem o oyunları seyretmek hem de Gazi'nin davetlisi olmak için *Altay* vapuru ile 2 Şubat 1924 Cumartesi günü İzmir'e geldi. İki görüşme yapıldı. İkinci görüşme 5 Şubat 1924 Salı günü saat 14.20'de Göztepe'deki köşkte başladı, 6 saat 10 dakika sürdü. Gazi adeta gazetecilerin neler düşündüğünün, ülkenin gidişatını nasıl gördüklerinin analizini yapmıştı. Yemekli buluşmada İhsan Bey'in yönetimindeki Cumhurbaşkanlığı Mızıkası da parçalar çalıyordu. Yemeğin sonunda Gazi İstanbul gazetecilerine demeç verdi:

"Saygıdeğer Beyefendiler,

Türkiye Cumhuriyeti'nin değerli basın ileri gelenlerini bir arada görmekten, onlarla bir sohbette bulunmaktan çok memnunum. Büyük, önemli bir devrim oldu. Bu devrim ulusun esenliği adına, hak adına yapıldı. Ulusumuz demokratik bir hükümet oluşturduğu için düşman ordularını yok etti. Vatanı istiladan kurtardı. Kahraman ordumuzun savaş alanlarında kazandığı zaferi siyaset alanında da verimli kılındı. Türkiye'nin yeni yönetimi işleriyle, başarısıyla niteliğini tanıttıktan sonra dünyaca bilinen ve tanınan unvanıyla varlığını açıkça belirtti ve doğruladı. Bazılarının anlamak ve yorumlamak istedikleri gibi geri bile gitmesi olası bir bekleyiş, bir kararsızlık durumunda bulunmadığını kanıtladı. Türk tarihinde bir Cumhuriyet Dönemi açtı.

Saygıdeğer efendiler, sultanların boğdukları sanılan ruhu ulus, saltanat taç ve tahtını parçalayarak canlandırdı. Ulusun uyanıklığına, ulusun ilerleme ve gelişme eğilim ve yeteneğine güvenerek, ulusun azminden asla kuşkulanmayarak Cumhuriyet'in bütün gereklerini yapacağız.

Arkadaşlar, Türkiye basını ulusun gerçek ses ve iradesinin göründüğü yer olan Cumhuriyet'in çevresinde çelikten bir kale oluşturmalıdır. Bir düşünce kalesi, zihniyet kalesi. Basın mensuplarından bunu istemek Cumhuriyet'in hakkıdır. Bütün ulusun içtenlikle birleşmesi ve dayanışması zorunludur. Bütünün esenliği ve mutluluğu bundadır. Mücadele bitmemiştir. Gerçeği ulusun kulağına, ulusun vicdanına gereği gibi ulaştırmada basının görevi çok ve çok önemlidir.

Efendiler, kabul etmeliyiz ki dünya henüz yeni Türkiye Devleti hakkında, Türkiye Cumhuriyeti hakkında daha fazla aydınlanmak ihtiyacındadır. Ulusun özellikle aydın ve gelişmiş *yurttaşlarının ortak amaç etrafında olduklarını reddi ve çürütülmesi olanaksız kanıtlarla göstermeliyiz. Ulusal işlerde çeşitli çaba sahiplerinin birbirine yardım etmesi, çabanın ortak hedefte merkezleşecek biçimde birleştirilmesi gereklidir. Birçok zorluk ve sorun karşısında bulunduğumuzu biliyoruz. Bunların bütününü inceleyerek, azim ve imanla ulus sevgisinin sarsılmaz gücüyle birer birer çözecek ve sonlandıracağız. O ulus aşkı ki, her şeye karşın göğsümüzde sönmez bir güç, dayanıklılık ve ateş kaynağıdır."*

Görüşmelerden yansıyan kulis bilgileri ve haberleri okurlara da ulaştı. Asım Us 4 Şubat 1924 günü yayımlanan yazısında, **"Gazi Basınla Halifeliği konuşuyor"** diye yazdı:

Cumhuriyet'in ilanı sırasında Tasviri Efkâr gazetesi muhalif bir durum almıştı. Gazi, Ebüzziya Velid'in geriliği müdafaa eden neşriyatını (yayınını) bir istisna gibi telakki (kabul) ediyordu.

Fakat Hüseyin Cahit (Yalçın) ile Ahmet Emin (Yalman) Bey'in hakikatte Cumhuriyetçi oldukları halde Cumhuriyet'in ilanını aceleye getirilmiş bir karar ve hareket gibi göstererek tenkitkâr neşriyatta bulunmalarına üzülüyordu.

Gazi, Cumhuriyet'in ilanının öyle zannedildiği gibi aceleye getirilmediğini, Büyük Millet Meclisi'nin kararı ilan edilmezden evvel çok düşünüldüğünü ve arkadaşlar arasında pek çok müzakereler ve münakaşalar cereyan ettiğini anlattı, dedi ki:

"Askerlikte bir kaide vardır. Düşmanın harp cephesi çok kuvvetli olursa onu parçalamak lazım gelir. Biz Milli Mücadele'ye başlarken karşımızda iki düşman vardı. Biri dahili düşman ki bunu İstanbul Hükümeti temsil ediyordu. Diğeri harici düşmanlar ki bunu da ecnebi İşgal Kuvvetleri teşkil eyliyordu. Her

iki düşman ile aynı zamanda mücadele etmek imkânsızdı. Tabii olarak iptida (önce) harici düşmanlara karşı vaziyet aldık. Milli Mücadele zafere ulaştıktan ve Lozan Sulhu imzalandıktan sonra da dahili düşmanları tasfiye etmeye başladık. Dahili düşmanları da parça parça ayırmak, sıraya koymak, en mühim olanları iptida bertaraf etmek, ondan sonra diğerlerini ele almak icap ederdi. Yaptığımız budur."

Bir aralık Tevfik Bıyıklıoğlu, beni bir köşeye çekti, "Bir münasebet düşürüp hilafet bahsini açınız!" dedi. Filhakika (gerçekte) Büyük Millet Meclisi, saltanatı ilga etmiş (kaldırmış), Cumhuriyet ilan olunmuştu. Fakat Abdülmecit Efendi, Halife olarak İstanbul'da oturuyordu. Bir müddet evvel bir gazeteci olarak Ankara'ya gittiğim ve Çankaya'da kabul edildiğim sırada halife meselesinin Gazi'yi çok meşgul ettiğini anlamıştım. Bir gazeteci olarak, Gazi'ye bazı şeyler sormak için hazırlanmıştım. Fakat ben suallerimi sormazdan önce onun bir suali ile karşılaştım:

"İstanbul'da oturan Halife hakkında ne düşünüyorsunuz? Saltanat ilga edildikten (kaldırıldıktan) sonra Hilafet'in muhafazasında bir tehlike görmez misiniz?"

Bu suale şu cevabı verdim:

"İstanbul büyük bir şehirdir. Osmanlı Devleti'nin asırlarca merkezi olmuştur. Saltanatın ilgasından zarar görenler yalnız Osmanlı hanedanı değildir. Halk tabakaları arasında da zarar görenler vardır. Belki Hilafet'in İstanbul'da bulunmasından cesaret alarak saltanatı da iade etmek hayaline kapılmış olanlar bulunabilir. Halifenin İstanbul'dan kaldırılıp mesela Konya'ya gönderilmesi bu yolda bir tedbir olabilir."

Benim bu cevabım Gazi'yi tatmin etmedi. Saltanatın ilgasından sonra Hilafet'in yeri olmadığını uzun uzadıya izah etmişti. Onun için Tevfik Bıyıklıoğlu'nun bana gizlice söylediği sözü bir işaret olarak telakki ettim. Gazi'nin diğer arkadaşlarının da bu bahis üzerinde aydınlatmak istediğine hükmettim. Gerçekten durum böyle oldu. Fakat Gazi kendi söze başlamadan evvel Hüseyin Cahit Bey'in ne düşündüğünü öğrenmek istedi. Tanin başyazarı Hilafet'in İslam âlemine karşı bir kuvvet olarak muhafaza edilebileceğini söyleyince bunu kabul etmedi ve coşkun bir ifade ile Hilafet'in manasızlığını ve tehlikelerini anlattı.

Hüseyin Cahit öteden beri Latin harflerinin dilimize kabulü taraftarı olmuştur. Hilafet'in ilgasını hatıra getiremiyor idiyse de Latin harfleri bahsinde Gazi'yi kazanmak istiyordu. Bir aralık Gazi'nin ne düşündüğünü öğrenmek istedi:

"Paşam, Latin harflerini dilimize kabul etmeye ne buyurursunuz?" diye sordu.

O zaman aldığı cevap şu idi:

"Evet, fakat çok derin tahavvülatı (değişikliklere) mucip (neden) olur."

İzmir'deki tarihi buluşma *Resimli Gazete*'de de 9 Şubat 1924 günü yerini aldı. Başlığı, **"Reis-i Cumhur Gazi Paşa Hazretleri Karşısında Matbuat Erkânı"** idi. Ayrıntılar şöyle duyuruldu:

"...Bütün Türk milletinin dilinde meşrû' bir terane var: 'İşler yürümüyor!' Niçin? Hükümet adamlarının bütün hükümet idarelerine rağmen işler niçin yürümüyor? Sualin cevabını Türk milleti namına, Meclis ve matbuat verebilir. Gazi Paşa, matbuat mümessillerini kabul ve mülahazalarını dinlemek suretiyle, erkân-ı umumiye (kamu oyu) denilen kuvvete karşı kayıtsız olmadıklarını bir daha ibraz

buyurmuş oluyorlar. Temenni edelim ki bu mülakatın neticesi, İzmit'tekinden daha müsemmer olsun ve Matbuatla Hükümet arasındaki meseleleri, İstiklal Mahkemesi değil, makul ve mantıki bir istişare hal etsin. Türk milleti, bu ehemmiyetli mülakattan çok mühim neticeler bekliyor ve intizarından hiç haksız değildir."[51]

Basından çatlak sesler gelmeye başlamıştı...

---

51. *Resimli Gazete*, 9 Şubat 1924

Halife 15 Lira Verilerek Gönderildi

Saltanatın kaldırılmasına, Cumhuriyet'in ilanına karşın hiçbir gereği kalmayan halifelik, varlığını korumayı sürdürüyor, Cumhuriyet karşıtı bir görünüm sergiliyordu.

Üstelik maliyeti yüksek törenler düzenliyor, devlet bütçesinden kendisine ayrılan ödeneği de az görüyordu. Bu tutum, devrime karşı çevreleri kımıldanmaya yöneltti. Bazı gazeteler halife yanlısı bir tutumun içine girmişti. Halbuki büyük özverilerle kurulan genç Türkiye Cumhuriyeti'ni her türlü tehlikeden korumak vazgeçilmez görevdi. Gazi ve aynı fikirde olan dava arkadaşları halife sorununun kesin olarak çözülmesi gerektiğine inanıyordu. Ve çok geçmeden de hamle yapıldı. 3 Mart 1924 tarihinde çıkarılan bir yasayla hilafet kaldırıldı.

İstanbul Valisi durumu Abdülmecit Efendi'ye bildirdi. Bir gece yarısı operasyonuyla halife Çatalca'dan trenle Avrupa'ya gönderildi. O konunun ayrıntılarını *Vakit* gazetesi iki gün sonraki nüshasında duyurdu:

"Hal ve hilafetin ilgası kararı Abdülmecit Efendi'ye evvelki gece İstanbul valisi tarafından tebliğ edildi. Son halife evvelki gece sabaha karşı sarayı terk etti, otomobille şehirden çıkarıldı ve dün gece Çatalca'dan ekspres trene bindirildi, zevceleri, kızı, oğlu, hususi tabip ve kâtibi ile beraber İsviçre'ye gidiyor, orada oturacaktır. Sabık halife ailesine memur-ı mahsus ile harcırah olarak şimdilik maktuan on beş lira gönderilmiştir."[52]

---

52. *Vakit* gazetesi, 5 Mart 1924

Cumhuriyet'in İlk Sayısı ve Yunus Nadi'nin Yazdıkları

Gazi, Yunus Nadi (Abalıoğlu) Bey'i çok severdi. Bazı başyazılarının esin kaynağıydı. Hatta bazen düşüncelerini dikte bile ettirirdi. O yazılar **"Yıldız"** imzasıyla okurun karşısına çıkardı. Bazen de Yunus Nadi'ye kendi yazdıklarını imzalatırdı. Samimiyetleri birçok rakip gazeteciyi kıskandıracak ölçüdeydi.

Yurtiçi seyahatlerinin birinde, Gazi ve yanındakiler kırda yemek zorunda kalmışlardı. Sofraya biraz da rakı çıkarılmıştı. Tam yemek yerlerken yanlarından bir köylü geçmiş, Gazi'nin emriyle köylü hemen çağrılmış ve kendisine rakı ikram edilmişti. Fakat köylü o zamana kadar hiç rakı içmemişti. Birdenbire susuz rakıyı içince gözlerinden ateş çıktı. Gazi tebessümle "Nasıl, beğendin mi?" diye sorunca, köylü:

"Güzel Paşam" dedi ve hemen sonra sofrada en samimi bulduğu Yunus Nadi Bey'e eğilerek sormuştu:

"Beyim, siz bunu keyif için mi içersiniz, yoksa devlet zoruyla mı?"[53]

Kurtuluş Savaşı'nı destekleyen ilk gazete olan *Yeni Gün*'ü yayımlamaya devam eden Yunus Nadi *(Abalıoğlu)*, 7 Mayıs 1924 tarihinde *Cumhuriyet*'i iki ortağı Nebizâde Hamdi ve Zekeriya Sertel ile birlikte Pembe Konak adıyla anılan eski İttihat ve Terakki Fırkası Genel Merkez binasında kurdu. Gazetenin genel yayın yönetmeni Zekeriya Sertel'di. Hüseyin Cahit'in (Yalçın) *Tanin*'i, Velid Ebüzziya'nın *Tasvir-i Efkâr*'ı ve

---

53. Münir Hayri Egeli, *Atatürk'ten Bilinmeyen Hatıralar*, Ankara 1959, s. 115-116

Ahmet Eminİn (Yalman) *Vatan*'ına karşı yayına başlayan gazete, o dönem için 1 milyona yakın nüfuslu şehirde 7 bin adet satıyordu. Gazetenin adının altında "Türkçe yevmi *(günlük)* gazete, idare yeri İstanbul, Cağaloğlu" yazıyordu. İlk sayıda Yunus Nadi'nin sunuşu ve Mustafa Kemal ile yaptığı röportaj vardı. Gazetenin isim babası Cumhurbaşkanı Gazi Mustafa Kemal Paşa idi.

İlk sayısının ilk sayfasında **"Gazi Paşa Hazretleri'nin Mühim Beyanatı"** diye yazıldı. Spotta Gazi'nin gazete sahibi ve başyazarı Yunus Nadi Bey'in röportajının ayrıntıları vardı. Kendisine İstanbul'dan nasıl çıktığını, Kurtuluş Savaşı'nda nelerle karşılaştığını ve Anadolu'da kimlerden yardım aldığını anlatıyordu.

Gazi Paşa söyleşide, Yunus Nadi'nin, "Kerameti Meclis'ten beklemek niyetinde miyiz?" sorusunu, **"Her kerameti Meclis'ten bekleyenlerdenim. Milletimiz çok büyüktür. O, zilleti ve esareti kabul etmez"** diye yanıtladı. Yunus Nadi'nin kaleme aldıkları bir azmin de kısa özetiydi:

"...1920 Nisan'ının ilk haftası zarfında oraya henüz ulaşmış olmanın ve memleketin de henüz yeni görülmekte bulunmasının şaşkınlığı geçtikten sonra, Ankara'da büyük bir boşluk içinde bulunduğum hissine kapıldım. Bir kere Ankara'nın kendinde ancak gereğinde uyanıp canlanmak suretiyle her tarafın uykuya dalmış bir hali var gibiydi. Baştan aşağı gezersin. Yalnız uykuda değil, insana sanki ölü bir memleket hissini verirdi. O zaman orada vali vekilliği yapan Kırşehir Milletvekili Yahya Galip Bey, kendi çabaları ile ortalığa biraz hayat vermek istiyor gibi görünüyordu ama bu canlı adamın canlı hareketlerinin de özel sonuçlar verdiği görülemiyor ve anlaşılamıyordu. Derhal çalışmaya koyulmak lazımdı. Bir çöl içinde işsiz ve güçsüz

olarak tek gün geçirmek bir usanç ve sıkıntı kaynağı olabilirdi. Kırık dökük vilayet matbaasında haftada üç gün çıkarılan *Hâkimiyet-i Milliye*'yi o zaman Hakkı Behiç Bey yazıyormuş. Daha ilk günden itibaren Hakkı Behiç Bey bana:
- Birader para ile değil, sıra ile. Artık sen al bakalım şu gazeteyi, demiş ve pek iyi etmişti. Öncelikle bu beni oyalayacak bir işti. Fakat yeterli değildi. Her gün Paşa'nın konağı olan ve şehirden yirmi dakika mesafede olan Ziraat Okulu'na çıkıyordum. Paşa ile konuşuyorduk. İşlerin içyüzüne daha ziyade nüfuz ettikçe hayretim artıyordu. İlk günlerin bende bıraktığı izlenim, büyük bir çöl ortasında küçük bir vaha hissi idi. "Heyeti Temsiliye adına Mustafa Kemal" imzası ile bütün memlekete yayılan, her ferde hitap eden, cemaate hitap eden, millete söyleyen, herkese cevap veren, duyuruların çıkış noktası hemen hemen yalnız ve yalnız Mustafa Kemal Paşa'dan ibaretti.

(...)

Ortada Heyeti Temsiliye diye oluşmuş gerektiğinde toplanır ve karar verir bir heyet yoktur. Aslında böyle bir heyet varmış ama üyeleri dağınıktı. Ankara'da bulunan bir iki kişi de toplantıya bile gerek görmüyorlar. Her şey Mustafa Kemal Paşa tarafından kararlaştırılıp uygulanıyordu. Denebilir ki, Heyeti Temsiliye bizzat Mustafa Kemal Paşa idi. Görünüşte onun adına imza ediyordu. Gerçekte o dahil kendisinden başka biri değildi. Milleti sarmış olan bütün zorlukların nasıl aşılacağına gelince hani Mahmut Bey'in kumandasında olarak Geyve İstasyonu'nda gördüğümüz Kuvayı Milliye süvarileri yok mu, işte bugünler için elimizde belli başlı kuvvet olarak yalnız onlar vardı. Onlar da doğallıkla devamlı bir şey olamazlardı. Orada izah etmiş olduğumuz, şekilde onlar sürgit disiplin altında yaşayacak olan kuvvetler değillerdi. Onlar herhangi bir heyecan ve yürek çarpıntısı ile yataklarından dışarıya fırlamış mübarek kuvvetlerdi. Fakat ilk heyecan anları geçtikten sonra yataklarına dönmek ihtiyacından kendilerini alıkoyamayacakları güçlü bir olasılıktı.

Peki, iyi gerçek kuvvet, iyi gerçek düzen?... Onlar neredeydi? Ortada bunlara dair hiçbir belirti görmüyordum. Yirminci Kolordu merkezi olan Ankara'da 98 katırla 150 kadar derme çatma asker vardı. Kolordu komutanı olan Ali Fuat Paşa bile Eskişehir hareketini halk ile yapmıştı. Denilebilir ki, o gün için ordu namına ortada fiili hiçbir şey yoktu. Hatta kadro olarak bile ordu belki ancak kâğıtlarda vardı. Gerçekte subay kadrosu bile yoktu. Memleketin her zaman en önemli dayanağı ordu o kadar yok olmuş, o kadar tuzla buz haline gelmişti. Eğer Mustafa Kemal Paşa'nın seçkin ve saygın kişiliği olmasaydı yalnız şu perişan ve darmadağınık manzara insanı çıldırtmaya yeterliydi. O, ama yalnız o karargâhı olan Ziraat Okulu'nda bir nevi devlet hayatı yaşatıyordu. Bütün bu gerçekleri gördükten sonra oraya gidildiğinde durumdan hiç müteessir olmayan ve gözleri geleceği karşılamak için parlayan bu adamın huzurunda insan ümit ve kuvvet alıyordu. Dediğim gibi önce Heyeti Temsiliye filan diye oluşmuş ve toplanan bir heyet yoktu. Her şey o idi, her şey Mustafa Kemal Paşa idi. Heyeti Temsiliye adına gördüğüm çalışma ekibi o zaman için biri Hayati Bey'in idaresinde cephe haberleşmesini idare eden, haberleşme ve bilgiye bakan iki kalemden ibaretti. Ve bu iki kalemin hâkim ruh ve anlamı da ancak Mustafa Kemal Paşa idi. Ziraat Okulu'ndaki Mustafa Kemal Paşa, karargâhında Paşa'ya uyarak geç, bazen gece yarısından iki saat sonraya kadar geç yatılırdı. Binaenaleyh ertesi gün de geç kalkılırdı. Bu geç yatılmanın sebebi bilhassa gece çalışıldığından ileri gelirdi. Paşa geceleri, bir taraftan da yanında bulunacak bir iki, üç beş, hulasa kaç ise arkadaşlarla çetin meseleleri fikir halinde, teori halinde, gerçek halinde, uzun uzun tartışırdık.

Ankara'daki Ziraat Okulu'nda müthiş bir varlık yaşıyordu. Paşa'nın şahsını görmek ve hele onunla konuşmak mutlaka insana huzur ve istirahat veriyordu. Nisanın üçüncü veya dördüncü günü Paşa'nın ısrarı ile görüşmek üzere ilk defa olarak geceyi dahi Ziraat Okulu'nda geçirdim.

Paşa:

- A be çocuk, hani kahve, dediği zaman saat gece yarısından sonra ikiye gelmişti. O zamana kadar çocuk üç defa kahve getirmişti. Paşa getirilen kahveleri hesaba katmıyor, bir kere verilmiş kahve emir ve talimatının mütemadiyen onaylanmış olmasını istiyordu. Şimdi vaziyeti görüşüyorduk. Ben Kuşçalı'dan çektiğim telgrafa aldığım cevabın Ankara'da gördüklerimle tamamen uyuşmaması şeklinde gizli bir üzüntünün zayıflığı içindeydim. Paşa'nın huzuru azami emniyet ve güvenliğinin gerekliliğini saklamadım. Fakat üst tarafı da insana bir boşluk, bir çöl hissi vermekte o kadar kuvvetliydi.

- Öyle görünür Nadi Bey, dedi, öyle görünür. Zaten bu büyük işin zevki de işte buradadır. Bu çölden bir hayat çıkarmak, bu parçalanmadan, bir oluşum yaratmak lazımdır. Bununla birlikte sen ortadaki boşluğa bakma. Boş görünen o saha doludur, çöl sanılan bu âlemde saklı ve kuvvetli bir hayat vardır. O millettir, o Türk milletidir. Eksik olan şey, örgütlenmedir, işte şimdi onun üzerinde çalışıyoruz.

Ben pratik olmadığını gördüğüm için doğrudan doğruya Yunan cephesine taarruz ettim. Orada düzenli bir ordu vardı ve onun karşısında da bizim düzenli olmayan kuvvetlerimiz. Bence cepheyi tutan oradaki Kuvayı Milliye değildi, belki (Milen) hattı denilen siyasi kuvvetti.

Paşa'nın gözleri parladı:

- Bunu bana Sivas'ta yazmıştınız, o cephelerden de aynı mealde başvurular gerçekleşti. İsteniliyordu ki, Sivas'ta veya şurada burada oturarak zaman geçireceğime –sanki buralarda boşuna zaman geçiriyormuşum gibi– gideymişim de o cephelerin başına geçeymişim. Basit bir gözlem ve anlayış. Bu görüş açısına hak verdirebilir. Fakat benim oraya gitmekte hiç acelem yoktur ve o cephelerin hayır ve selameti için acelem yoktur. Mustafa Kemal Paşa, Demirci Mehmet Efe olamaz Nadi Bey. Bunu böyle söylemekle oradaki arkadaşların kadir ve kıymetlerine halel getirmek istemem. Bilakis onlar çok iyi adamlardır ve vatan için işte fedakârca mücadele ediyorlar. İlkeleri belirtmişizdir. Milletin bağımsızlığını, vatanın son kaya parçası üzerinde savunacağız veya eğer kaderde varsa öleceğiz. Fakat eminiz ki ölmeyeceğiz ve vatanı kurtaracağız.

- Evet, hepimizin amacı ve azmi bu. Oraya varmak için daha önceden kararların verilmiş ve sorunların çözülmüş olması lazımdır.

- Benim inancıma göre, böyle önemli durumlarda kararları zaman verir ve sorunları da o halletmiş bulunur. Bu itibarla ben zannediyorum ki kararlar kendi kendine verilmiş ve sorunlar da kendi kendine çözülmüştür. Çözülmeyen sorunlar varsa onlar da çözülür.

- Meclis'in ne zaman toplanacağını tahmin ediyorsunuz? Bir de acaba her kerameti Meclis'ten beklemek niyetinde miyiz? Açık söylemek gerekirse bu kanıda değilim. Zaten sıkıntım da ondandır.

- Bu sıkıntı boşuna ve bu kanı hiç olmazsa dışarıdan görüntüsü ile gerçek görüntüsü arasındaki yanılgıdır. Ben bilakis her kerameti Meclis'ten bekleyenlerdenim Nadi Bey. Bir devre yetiştik ki onda her iş meşru olmalıdır. Millet işlerinde meşruiyet ancak milli kararlara dayanmakla milletin genel eğilimine tercüman olmakla mümkündür. Milletimiz çok büyüktür. Hiç korkmayalım. O esaret ve aşağılanmayı kabul etmez. Fakat onu bir araya toplamak ve "Ey Millet! Sen esaret ve aşağılanmayı kabul eder misin?" diye sormak lazımdır. Ben milletin vereceği cevabı biliyorum. Ben milletin büyüklüğünü biliyor ve bu soru karşısında onun o soruyu soran çocuklarını canlarını koruyacak kadar seveceğini ve alınlarından öpeceğini biliyorum. Ben biliyorum ki bu millet, kendisine bu soruyu soran çocuklarının hep esasa dayalı önlemlerini ve hazırlıklarını canla başla kabul edecektir. Onun için işte ben şimdi bu yoldayım, onun çok sağlam bir yol olduğuna inanarak...

- Fakat İstanbul'da düşmanlarla birleşmiş bir saray olduğunu bilmek ve hiç olmazsa bu ayrıntılar üzerinde bazı kararlar almış olmak gerekmez mi?

- Onların hepsi biliniyor. Fakat bizim bildiğimiz gerçekler milletçe de tamamen bilinince onun karar alma sürecinde dahi bizim gibi düşüneceği neden kabul edilmiyor? Ben bilakis milletin bu hususta daha salim, daha kesin kararlar vereceği kanısındayım. Özetle bu millet bu kurtuluş mücadelesinde bütün vaziyeti bütün açıklığıyla gördükten sonra durumuna göre en salim, en makul ve en yüksek kararları verecek ve bence muhakkaktır ki, o bu konulardaki kararlarında seni ve beni geçecektir. Ben bu konudan emin olarak işlerimize bakalım derim. Önce Meclis sonra ordu Nadi Bey, orduyu yapacak millet ve ona vekâleten Meclis'tir. Çünkü ordu demek, yüz binlerce insan, sonra milyonlarca ve milyonlarca para demektir. Buna iki üç kişi karar veremez. Bunu ancak milletin kararı ve onayı meydana çıkarabilir ve bir kere oluşturulduktan sonra milletin hayat ve varlığına aykırı olan zulüm ve baskıların tümünü yok etmeye muktedir olmak. Yalnız teori olarak değil fiilen de kazanmış oluruz.

Paşa ile bu vadide çeşitli meseleleri mütalaa eden konuşmamız gecenin saat üç buçuğuna kadar sürdü. Odalarımıza çekildiğimiz zaman Ankara'nın boşluğu gözümden silinmiş, bütün vatan gözümde canlı insanlarla dolu bir istihkâm ve görüntüsü ile nazarları eğlendiren bir gülistan olmuştur. İlk defa olarak vicdanen de huzur dolu bir uyku çektim.

Cumhuriyet gazetesinin ilk sayısı, 7 Mayıs 1924

"Hilafet, Zamanımızda Artık Yeri Olmayan Mazinin Bir Efsanesi..."

Gazi 25 Kasım 1924 günü, *Le Matin* gazetesi yazarı Madam Titaniya'yla Türkiye-Fransa ilişkileri ve hilafetin kaldırılmasıyla ilgili söyleşi gerçekleştirmişti. Madam Titaniya kısa bir sohbetin ardından kahvesinin son yudumunu aldı ve "Reisicumhur Hazretleri, Meclisi Milli'de memleketim için *(Fransa)* o samimi beyanatta bulunduğunuz zaman Ankara'ya vasıl olmuştum..." derken Gazi sözünün arasına girdi:

"Bu hususta daha sarih ve vâzıh *(açık ve açıklayıcı)* olmak istiyorum. Karilerinize *(okurlarınıza)* söyleyiniz ki, Türkiye ile Fransa'nın arasındaki münasebatın muhabbet ve meveddetle *(sevgi ile)* meşbu *(dolu)* olmuş bulunması, hissi bir muhabbet ve teveccühten ve iki milletin zevk-i selimindeki iştirakten neşet ediyor *(yayılıyor)*. Türkiye kendini idrak ettiği ve anladığı bu günlerde bu eski muhabbet ve meveddete *(sevgi ve sevgi göstermeye)* bir yenisi munzam oluyor *(ekleniyor)*. Bu meveddet, şahsen daha sıkı bir hale sokmak istediğim iki Cumhuriyet arasındaki münasebat-ı dostaneyi *(dostça ilişkileri)* daha ziyade takviye edecektir.

Madam Titanaya, hoşnut olmuştu.

- Filhakika bu münasebat, gazetelerin Fransa'ya yapacağınızı yazdıkları seyahatle sıkı bir şekle inkılâp edecektir.

- Fransa'ya seyahatim mi? Filhakika Mösyö Mojen ile görüştüm ve Türk toprağından dışarıya ayak attığım zaman en evvel

Fransa'yı ziyaret edeceğimi vâdettim. Arzum da 15 sene evvel tanımış olduğum memleketinizi ziyaret etmek merkezindedir. Memleketinizi memnuniyetle tekrar göreceğim.

- Ne vakit?

- Bunu tayine imkân yok. Elyevm *(önce)*, muhtac-ı hal *(çözümü gereken)* birçok meseleler vardır. Her şey ahval ve vaziyete tâbidir. Betaetle terâkki etmekte bulunduğumuz serzenişinin bize atfedildiğini işitmişsinizdir. Fakat genç Türkiye Cumhuriyeti'nin bir sene evvel doğmuş bulunduğunu ve daha bidayette *(başlangıçta)* her şeyi muhtac-ı ıslah ve tanzim bir memleket dahilinde muazzam bir iş karşısında bulunduğunu unutuyorlar.

- Sizin ve hükümetinizin tamamen ahrarane *(özgürce)* olan efkârı Fransa'da malûm olmakla beraber hilâfetin ilgası *(kaldırılmış)* bir nebze hayreti mucip olmuştur.

- Bu, mükerren bana irad *(dile getirilen)* edilmiş olan bir sualdir. Ben bu suale daima aynı saffet *(temiz duygular)* ve samimiyetle cevap vereceğim. Hilâfet, zamanımızda artık yeri olmayan mazinin bir efsanesinden ibarettir. Tunuslular, Mısırlılar, Hintliler ve diğer Müslümanlar İngiliz ve Fransız hâkimiyeti altında bulunuyorlar. Yeni bir halife yakında Kahire'de tayin olunacaktır. Her halde Türkiye dini mazisinden kemal-i sarahat *(bütün açıklıkla)* ve kat'iyetle kat'ı alâka *(ilgisini kesmiş)* etmiş ve her nevi müşkülattan azade olarak tarik-i terakkide *(ilerleme yolunda)* yürüyor.[54]

---

54. *İkdam* gazetesi, 30 Kasım 1924

Gazi'nin Cumhuriyet Halk Fırkası ile İlgili Görüşleri

Yeni partinin kurulmasına ilişkin haberler üzerine Ankara'da sıcak günler yaşanıyordu. Onca zorluklarla, binlerce şehit ve gazi verilerek kazanılan sadece bir yaşındaki yeni Türk Cumhuriyeti tehlike sinyalleri veriyordu. *Resimli Hafta* dergisi Milli Mücadele'nin iki lideri olarak anılan, o dönem gazetelerinde sürekli fotoğrafları birlikte yayımlanan Gazi ile Rauf *(Orbay)* Bey'in yan yana bir fotoğrafını yayımladı. Fotoğrafın altında şunlar yazıyordu:

> *"Bugünkü hadiseler karşısında, mazinin kıymetli bir hatırası: Sivas Kongresi'nde milleti kurtarmak için mücadele eden iki millet adamımızın dostluk hatıraları. Mukaddes bir vazife karşısında birleşen bu iki büyük millet adamımızın o vakitli, samimi ve dostane vaziyetlerine bakınız. Milletin halası namına bu samimi dostluk ne kadar faydalı olduysa, bugün birbirlerinden ayrılmaları da o kadar tehlikelidir."*

Gazi'den yanıt mahiyetindeki demeç *Cumhuriyet* gazetesi aracılığıyla bir gün sonra geldi:

Yeni parti haberlerinin artması üzerine "Reis-i Cumhur Hazretleri'nin mühim beyanatları"ndan biri daha yayımlandı. Bu kez *Times* gazetesine beyanat verildi. Soruların Reis-i Cumhur adına üçüncü bir kişi tarafından cevaplandığı bu yazılı mülakatta, "Gazi Paşa, riyaset-i cumhur müddetinin hitamında, fırkasıyla beraber ve fırkasının başında bilfi'l çalışacaktır" denildi.

- Bizde ker'i olan siyasi fırkalar sistemi karşısında ve Türkiye'ye kıyasen Gazi'nin vaziyeti nedir?

- Hâkimiyet-i Milliye esasına müstenit, bilhassa cumhuriyet idareye malik bulunan memleketlerde siyasi fırkaların mevcudiyeti tabiidir. Türkiye Cumhuriyeti'nde de yekdiğerini murakebe edecek fırkaların tekevvün edeceğine *(şekilleneceğini)* şüphe yoktur. Tabii olan bu vaziyet karşısında Gazi Paşa'nın da vaziytekevvüneti tabii olmaktan başka bir şey olmayacaktır.

- Gazi Paşa Hazretleri, Cumhuriyet Halk Fırkası'nın risayes-i asliyesini hâlâ muhafaza etmekte midir? Bunu daima muhafaza etmeyi düşünüyorlar mı?

- Gazi Paşa Cumhuriyet Halk Fırkası'nın reis-i umumiliğini halen muhafaza etmektedirler ve bunu muhafaza edecektir. Yalnız riyaset-i cumhura intihap olunduğundan beri olduğu gibi riyaset-i cumhur makamında kaldıkça fırkanın reis-i cumhur müddetinin meclisin devre-i içtimaıyla beraber hitamında, fırkasıyla beraber ve fırkasının başında bilfi'l çalışacaktır.

- Gazi Paşa Hazretleri Terakkiperver Cumhuriyet Fırkası'nı hakiki yeni bir siyasi fırka olarak kabul ediyorlar mı? Böyle kabul etmiyorlarsa, niçin etmiyorlar?

- Türkiye'de yeni bir siyasi fırkanın teşekkülü bazı merasim-i kanuniyeye tabidir ki yeni fırka bu merasimi ifa etmiş olduğundan teşekkül etmiş sayılır.

- Gazi Paşa Hazretleri Terakkiperver Fırkası'nın programını nasıl buluyor? Bilhassa "veto" hakkı ve hakk-ı fesh hakkındaki fikirleriyle hürriyet-i mezhebiyeye, Hâkimiyet-i Milliye'nin muhafazasına, bir istibdadın mevcudiyetine dair olan ima ve telmihler hakkındaki fikirleri nelerdir?

- Terakkiperver Fırkası'nın programında, mevcut Halk Fırkası'nın umdelerinden hariç ve mevzu-ı münakaşa olmağa değer, esaslı bir prensip ve fikir görülmüyor. (...) Efkâr ve itikadat-ı diniyeye hürmetkâr olmak öteden beri tabii, umumi bir telakkidir. Bunun aksini düşünmek için sebep yoktur.

Hâkimiyet-i Milliye asla tehlikeye ma'ruz değildir. Bütün millet onun müdrik ve fedakâr-ı muhafazasıdır. Bir istibdadın mevcudiyetine dair olan ima ve telmihler, bence kabil-izah değildir. Cumhuriyet Halk Fırkası ve onun bütün liderleri ve mensupları Türkiye'de her nev'i istibdadı kökünden yıkmak için, memleket ve millete tam bir hürriyet kazandırmak için bugüne kadar milletle beraber hayatlarını ortaya koymaktan çekinmemiş, hiçbir vakit çekinmeyecek insanlar olduğuna göre işaret olunan istibdat her halde mevcut değildir. Li-maksat vuku bulan bu yoldaki ima ve telmihlerin nazar-ı millette hiçbir kıymeti yoktur.[55]

---

55. *Cumhuriyet*, 11 Aralık 1924

"Ortadoğu'nun En Büyük Aşk Hikâyesi Bitti..."

Gazi, 5 Ağustos 1925 günü Latife Hanım'dan boşanmıştı. Yabancı basın o boşanmayı Eylül ayı itibariyle görmeye başladı. *The Palm Beach Post* 3 Eylül 1925 günkü sayısında boşanma haberini duyurdu:

Haberin başlığı **"Kemal Paşa eşinden boşandı"** idi:

"Türkiye Cumhuriyeti Başkanı Mustafa Kemal eşi Latife Hanım'ı boşadı. Boşanmanın sebebinin karısının Kemal'in özel işlerine müdahale etmesi olduğu tahmin ediliyor."

Pittsburgh Press ise, **"Kemal karısından boşandı"** haberinde çok daha farklı boşanma gerekçeleri ileri sürdü:

"Ortadoğu'nun en büyük aşk hikâyesi bitti. Bunun sebebi Kemal'in çocuk sahibi olmak istememesi. Ayrıca Kemal'in tüm Müslümanlara hükmetmek için Peygamber'in soyundan bir kadınla evlenmek istediği de konuşuluyor. Bütün bölge, Mezopotamya'dan Musul'a, Suriye'den Filistin'e, Trans-Ürdün'e bu ihtimalle çalkalanıyor ve bu da bölgede çıkarları olan İngiliz ve Fransızları geriyor."

"Mustafa Kemal Napolyon gibi..." denilen haberde Napolyon'un Josephine'e olan aşkı ile Gazi ve Latife evliliği kıyas ediliyordu.[56]

---

56. *Pittsburgh Press*, 26 Eylül 1925

"Diktatör Mustafa Kemal'in İlk Heykeli..."

Krippel'in yaptığı Gazi heykelinin ambalajı 3 Nisan 1926 günü açıldı. *Akşam* gazetesi bir gün sonraki haberinde konuyu yer verdi:

"Heykelin başı Gazi'ye benzemekte ise de kollarının vaziyeti mütehassıslar tarafından beğenilmemektedir."

Gazete, ayrıca *"Heykel kabul edildiği takdirde rekzi (dikilişi) için mermer kaidesinin yeniden inşa edilmesi zaruri görülmektedir"* duyurusunda bulundu.

İki hafta sonra *(19 Nisan 1926) Haftalık Mecmua* heykelin ambalajdan çıkarılmış ve Sarayburnu'na dikilmiş halini sayfalarına taşır, kapak fotoğrafının altına ise, *"Gazi Paşa'nın Sarayburnu'na rekzedilmek üzere, Krippel tarafından yapılan heykelleri"* yazar. Heykel sabitlenmiş, Gazi Paşa'dan "dikilsin ya da müzeye kaldırılsın" haberi beklenmektedir. Heykel 3 Ekim 1926 günü düzenlenen bir törenle halka sunuldu. Bu durum *L'illustration*'un gözünden kaçmayacaktı. Dergi heykelin dikilişiyle ilgili 16 Ekim günkü sayısında şunları yazdı:

"Kuran'i bir yasak yeni Türkiye'de ilga ediliyor / Diktatör Mustafa Kemal'in ilk heykeli İstanbul'da 3 Ekim'de açıldı."

L'illustration / 16 Ekim 1926

"Türkiye Cumhuriyeti'nin 'Demir Adam'ı..."

Amerika basını, yaz başından o yana Gazi'nin Amerika'yı ziyaret edeceğini yazıyordu. New York'tan yayım yapan *Central Press* muhabiri William Ritt yıllarca onur duyarak okuyacağımız şu satırları kaleme aldı:

"M. Kemal Paşa'yı mutlaka görün, torunlarınız gururla tarihin en büyük adamlarından birini gördüğünüzü söylesin."

Türkiye Cumhuriyeti'nin "Demir Adam"ı Mustafa Kemal Paşa, nezaket ziyareti için Amerika Birleşik Devletleri'ne geliyor.

New York, 16 Temmuz   İçinde bulunduğumuz asrın en büyük şahsiyeti olabilecek olan bir adam, bu sene kardeş bir cumhuriyete, A.B.D.'ne, nezaket ziyareti yapmak ve reform için bir takım fikirler edinmek üzere geliyor.

Bu şahsiyet, Türkiye Cumhuriyeti'nin Reisi ve dünyanın en güçlü milli lideri Mustafa Kemal Paşa'dır.

Elinizden geliyorsa, Kemal Paşa'yı bu ziyaretinde görmeye çalışın, böylece torunlarınıza bir gün tarihteki en büyük adamlardan birini gördüğünüzü gururla söyleyebilirsiniz. Kemal Paşa, yıkılmakta olan bir imparatorluğun gelenekleri ile Kuran'ın öğretilerinde demlenen sıradan bir Türk çocuğu olarak hayata başladı. Ancak bu sıradanlığı çok uzun sürmedi. Çocukken, padişahın askerlerinin parlak giysilerinden etkilenmiş ve onlardan biri olmak istemişti. Babası buna karşı çıkmıştı fakat küçük Mustafa'nın demirden bir iradesi vardı, böylece askeri eğitime başladı.

NASIL "KEMAL" OLDU?

Öğretmeni Mustafa ismini beğenmiyordu ve ona Türkçede "haklılık" manasına gelen "Kemal" ismini verdi. O zamandan beri, Kemal isminin hakkını vererek yaşadı. Her zaman haklı oldu; askeri stratejisinde haklı, diplomaside haklı ve ülkesi için neyin iyi neyin kötü olduğunu kavramakta haklı çıktı.

Keskin zekâsı yaşla birlikte geliştikçe, Kemal Paşa, ilerlemeci bir çağ olan 20. asrın ortalarında, ortaçağdan kalma bir monarşi olarak kalan mevcut Türk hükümetinin âcizliğini fark etmeye başladı.

Aldığı eğitim, Selanik'teki askeri okuldan Konstantinopol'deki Harp Akademisi'ne kadar hem mükemmel bir asker hem de ateşli bir devrimci olmasını sağlamıştır. Sultan ve Halife unvanı taşıyan Sultan Abdulhamid'e düşman olmuştur.

Kemal Paşa, gizli bir devrimci cemiyette faal olmuş, tutuklanıp 3 ay boyunca Konstantinopol'deki emniyet nezaretinde gözaltına alınmıştır. Akabinde Şam'a sürgün gönderilmiş, kendisi oradan gizlice İskenderiye'ye ve Selanik'e geçmiştir. Daha sonra ise Selanik'te orduya katılmasına izin verilmiştir.

MÜKEMMEL BİR ASKER

Cihan Harbi'nin çıkmasından evvel, Kemal Paşa bütün gücüyle Türkiye'nin İttifak Devletleri'ne katılmasına karşı çıktı, ancak, her iyi vatanperver gibi o da, artık geri dönüş olamayacağını anlayınca Türkiye'nin geleceği için çatışmanın ortasına atıldı.

Çanakkale yarımadasında, düşman İngiliz kuvvetlerine kesin bir yenilgi getiren Türk-Alman kuvvetlerinin tamamının başına geçti. Bu büyük zaferle Kemal Paşa milli bir kahraman oldu.

Akabinde, Tümgeneral olan Kemal Paşa, Cihan Harbi'nin Rusya cephesinde ve harbin ileri safhalarında ise Filistin'de askeri stratejisini ispatladı. Daha 1917 senesinde Kemal Paşa, müttefikler için umut olmadığını görmüş ve bu görüşünü dile getirmiştir.

Harp bittiğinde, Kemal Paşa yeni bir siyasi fırka kurdu. Küçük Asya'nın Ankara'sında askeri ve milliyetçi odaklı bir meclis kurdu.

1919 senesinde Yunanlılarla olan harpteki yenilgiler, Türkleri Kemal Paşa'dan yardım istemeye yöneltti. Türkler, vatanı sadece onun kurtarabileceğine inanıyorlardı. Kemal Paşa, milli kuvvetlerin başına geçti ve Sakarya Nehri civarındaki savaş, kelimenin tam anlamıyla Yunan kuvvetlerini yıkıma uğrattı. Harp, kazanılmıştı. Türkiye, Kemal Paşa için çıldırıyordu. Yaşlı imparatorluk için son kaçınılmazdı. 1 Kasım 1922'de sultanlık kaldırıldı. 1301'den beri süre gelen Osmanoğullarının hükümranlığı bitmişti. Eski Osmanlı İmparatorluğu nihayete ermişti.

29 Ekim 1922'de Türkiye Cumhuriyeti ilan edildi. Kemal Paşa, cumhur reisi seçildi. Kemal Paşa'ya itibar kazandıran bir dizi diplomatik zaferler gerçekleşti. İtilaf devletlerince işgal edilmiş halde olan İstanbul'un işgaline son verdi. 1926 yılında karşı devrimi bastırdı.

Gözlerini A.B.D. ve Avrupa'ya çeviren Kemal Paşa, vatanını çağdaşlaştırmak için yapılması gereken çok şey olduğunu gördü.

Haremden cayıldı, fesin yerini Batılı şapkalar aldı, kadınların peçelerini açmaları teşvik edildi ve boşanma yasası çıkarıldı. İslam dini halen devletin dini ancak büyük gücü kırıldı.

Kemal Paşa, Türk alfabesindeki Arap harflerini kaldırdı ve yerine A.B.D'nde ve diğer Batı ülkelerinde kullanılan Latin harflerini koydu. Bütün Türklerin yeni alfabeyi öğrenmeleri gerekiyor.

Bugün, Kemal Paşa, Türkiye'nin dünyanın en demokratik cumhuriyeti olduğunu söylüyor. Diğer Türklere göre Türkiye'nin George Washington'u olan bu mavi gözlü, geniş omuzlu adam şimdi bizi görmeye ve biz de onu görebilelim diye Amerika'ya geliyor.

Central Press / 16 Temmuz 1929

"Arı Biziz, Bal Bizdedir..."

Gazi Haydarpaşa Garı'na trenle geldikten sonra *Söğütlü* yatıyla Dolmabahçe Rıhtımı'na yanaştı. Bu arada yatta yaşananlar 12 Haziran 1930 tarihli *Cumhuriyet* gazetesinde ayrıntılarıyla yer aldı. Gazetenin başyazarı Yunus Nadi Bey ile Gazi'nin arasında geçen etimoloji hakkındaki bir bilimsel sohbet sayfada yer aldı:

Gazi: Nadi Bey'e bir sual soracağım, "Ari" kelimesi Türkçe midir, yoksa ecnebi bir kelime midir?
Yunus Nadi Bey bir müddet düşündü ve "Bilmiyorum efendim" yanıtını verdi.
Gazi orada bulunan şair Abdülhak Hamit Bey'e döndü, aynı soruyu ona sordu. Şair gözlüğünü düzeltti, biraz düşündü ve konuştu:
"Efendim elifle mi yazılır? Ayın ile mi yazılır, lügati Osmaniyi Türki'de..."
Gazi şairin tereddüdünü görünce, "Ben söyleyeyim" diyerek açıkladı:
"Türkçedir. Temiz, pak, güzel manasına gelir."
Yunus Nadi Bey söze girdi:
"*Arık* kelimesi de bu manadadır efendim."
Gazi adeta etimoloji dersi veriyordu. Sözlerini sürdürdü:

"Garplılar pak, temiz, güzel manasına gelen kelimeyi benimsemişler ve kendi ırklarına 'ariyen' demişlerdir. Halbuki bu kelime Türkçedir."

Yunus Nadi Bey, "Bu kelimenin Türkçe olduğu anlaşıldıktan sonra artık biz de ari oluyoruz" dedi.

Ruşen Eşref Bey de, "Arı biziz, bal bizdedir..." diye konuştu...

BİTİRİRKEN

Türkiye Cumhuriyeti'nin kurucu önderi Gazi Mustafa Kemal Atatürk sadece 57 yıl kalabildiği dünyada sayısız ilklere imza atmıştı. Ölümü ardından savaş meydanlarında ve diplomasi masalarında defalarca dize getirdiği düşmanları bile önünde saygı ile eğildi...

Hayatının büyük çoğunluğunu cephelerde geçiren Atatürk geri kalan yıllarında adeta küllerinden bir devlet yarattı, halkının onuruna sahip çıktı, devrimleriyle gerçek bir önder olmanın ne demek olduğunu tarihe altın harflerle yazdırdı...

Atatürk ve dava arkadaşları 624 yıl dünyaya hükmeden Osmanlı İmparatorluğu'nun yerine gencecik, hayat dolu, pırıl pırıl bir Cumhuriyet devleti inşa ederek dünyaya adeta örnek oldu. O sadece cephelerde savaşmadı, gerçek savaşını her konuda bilimde verdi. Silahı kılıç değil kalem oldu.

1911 yılında Trablusgarp'ta Mustafa Şerif adına düzenlediği sahte kimlikli gazeteciliğinden 1937 yılında ölümüne çok az süre kalana değin, hatta Hatay'ın kurtuluşuna kadar kalemini hiç elinden bırakmadı...

Savaşın ustası, barışın efendisi Atatürk dünyadan ayrılırken, dünyada yayımlanan bütün gazeteler kendisinden söz etti:

Macaristan / *Rendelet* gazetesi
"Yüzyılımızda, 'Olmayacak hiçbir şey yoktur' şeklindeki tarihi gerçeği ispatlayan ilk adam olmuştur."

Yunanistan / *Athinaika* gazetesi

"Bir insana ölümünden sonra bu derece sevgi ve yas gösterileri yapılması milletler tarihinde az görülen şeylerdendir."

Almanya / *Frankfurter Zeitung*

"Türk halkı, Mustafa Kemal'in ölümüyle, bugün sahip olduğu her şeye minnettar olduğu adamı kaybetti. Anadolu'nun milli bilincinden ve merkezinden doğan yeni dinamik devlet ve 'Boğaz'ın hasta adamının' yerine içeride ve dışarıda istikrar kazanmış olan Cumhuriyet onun eseridir."

İran / *Tahran* gazetesi

"İslam dünyasının büyük insan yetiştirme gücünü yitirdiğini öne sürenler, Atatürk'ü hatırlamalı ve utanmalıdırlar."

Roma'da bulunan çocukluk arkadaşı Asaf İlbay, İstanbul'a geleceği tren garında; 11 Kasım 1938 günü ülkede yayımlanan bir gazetenin başlığında ise şu başlığı gördü:

"SEZAR, İSKENDER, NAPOLYON; AYAĞA KALKIN, BÜYÜĞÜNÜZ GELİYOR!"